EMPOWERED YOU

An alle Frauen dieser Welt

KATHARINA HEILEN

EMPOWERED YOU

VERÄNDERUNG DURCH STÄRKE, MUT UND ZUSAMMENHALT

PALOMAA
PUBLISHING

Copyright © 2020 Palomaa Publishing
www.palomaapublishing.de

Umschlag: Kristina Gutmann
Fotografie Cover: Monica Ortiz
Layout und Satz: Katja Rub
Verlag: Palomaa Publishing, Leipzig
Herstellung: BoD – Books on Demand, Norderstedt

ISBN Hardcover: 978-3-9821915-2-2

Dieses Buch ist unter der ISBN 978-3-9821915-3-9 auch als eBook erschienen.

Bibliografische Information der Deutschen Nationalbibliothek:
Die Deutsche Nationalbibliothek verzeichnet diese Publikation in der Deutschen Nationalbibliografie; detaillierte bibliografische Daten sind im Internet über http://dnb.d-nb.de abrufbar.

Inhalt

Vorwort

Emanzipation, Selbstverwirklichung und Unabhängigkeit waren in den vergangenen Jahrzehnten die bestimmenden Themen der sogenannten Frauenbewegung. Doch blickt man von heute aus auf die bisherige Entwicklung zurück, dann hat sich nicht nur die Tonalität dieser Bewegung wesentlich verändert. Nicht zuletzt dank Social Media tritt heute das Verbindende und Gemeinsame in Form von Communities und Netzwerken sehr viel stärker in den Vordergrund. Es scheint also kaum einen besseren Zeitpunkt für Female Empowerment gegeben zu haben, als dies jetzt gerade der Fall ist.

Ich glaube, dass dies aus zwei Gründen der Fall ist. Zum einen war es noch nie so einfach, sichtbar zu werden, sich zu vernetzen und sich gegenseitig zu unterstützen. Unter dem Schlagwort der digitalen Teilhabe wird der Effekt der Demokratisierung durch das Internet und die digitalen Plattformen diskutiert. Die Botschaft lautet: Jede*r kann es schaffen. Sei es hinsichtlich der persönlichen Entwicklung oder hinsichtlich der beruflichen Karriere – der freie Zugang zu Informationen und Netzwerken bietet allen gleichermaßen die Chance, sich selbst zu verwirklichen.

Zum anderen aber war es selten zuvor so dringend notwendig, auf mehr Diversität und Empowerment zu setzen. Vor allem aus Perspektive der Unternehmen setzt sich mehr und mehr die Erkenntnis durch, dass die Herausforderungen der Digitalisierung nur dann zu meistern sind, wenn Führungsteams, das Management und die gesamte Belegschaft die Vielfalt der Gesellschaft widerspiegeln. Denn mehr Diversität ist gleichbedeutend mit mehr Innovation und mehr Wachstum. Allein ein Blick in die Führungsetagen genügt, um zu erkennen, warum gerade das Thema Female Empowerment heute für alle relevant sein sollte.

Die Macht der positiven Narrative und von Vorbildern

Wenn wir uns also die Frage stellen, wie wir Frauen empowern können, damit diese beispielsweise verstärkt in Führungspositionen kommen und selbstbewusst ihren Weg gehen, dann gelingt dies, indem wir positive Geschichten sichtbar machen. Wenn wir die Erfolgsgeschichten von anderen Frauen teilen und weitererzählen, schaffen wir Vorbilder, die wiederum andere ermutigen und ihnen die Gewissheit verschaffen, dass auch sie es schaffen können. Vorbilder bieten Orientierung, inspirieren mit ihren Geschichten und laden zur Nachahmung ein.

Ein solches Vorbild ist auch Katharina. Wie kaum jemand steht Katharina für das Thema Female Empowerment. Statt auf Selbstinszenierung setzt sie auf die Stärkung des eigenen Selbstbewusstseins und Selbstverwirklichung. Sich der eigenen Stärken – und wie ich finde auch der eigenen Schwächen – bewusst zu sein, ist eine wichtige Grundlage für eine nachhaltige Positionierung, effektives Personal Branding und den Aufbau eines verlässlichen Netzwerks. Denn nur wer sich seiner eigenen Stärken und Schwächen bewusst ist, kann sich frei von Neid für den Erfolg von anderen freuen und sich ein diverses Netzwerk aufbauen, in dem all die Talente vorhanden sind, die man selbst nicht hat.

Ein starkes Ich für ein starkes Wir

Was sind deine Stärken? Was macht dich einzigartig? Was sind deine Talente? Fragen wie diese klingen zunächst einmal einfach. In der Praxis ist es dann oft sehr viel schwerer als anfänglich gedacht, Antworten auf diese Fragen zu finden. Genau hier setzt „Empowered You" an, indem es dir hilft, diese Fragen zu beantworten und deine eigene Position zu bestimmen. Das ist aber erst der Anfang. Die eigenen Stärken zu erkennen, die eigene Stimme zu finden und die eigene Geschichte zu erzählen – all das schafft die Grundlage nicht nur für ein starkes Ich, sondern auch für ein starkes Wir. Denn indem wir unsere eigene Geschichte erzählen, schaffen wir uns eine Plattform, die wir dazu nutzen können, andere zu unterstützen.

Gerade dieses Anliegen ist heute wichtiger denn je. Selbstreflexion, Sichtbarkeit, Positionierung, Personal Branding, Networking und Empowerment stehen nicht nur im Zentrum dieses Buches, sondern es sind zentrale Zukunftsthemen. Sie bestimmen das persönliche Schicksal und Glück ebenso wie unsere gemeinsame Zukunft. Denn die Bewältigung des digitalen Wandels und den Übergang ins NewWork-Zeitalter schaffen wir nur gemeinsam. Darum wünsche ich allen Leser*innen eine inspirierende und anregende Lektüre, den Mut, die eigenen Stärken zu erkennen und viel Freude beim Vernetzen und gegenseitigen empowern.

Tijen Onaran
September 2020

Einleitung:
Are you ready for change?

Liebe Leserin, lieber Leser,

wie schön, dass du dich für dieses Buch entschieden hast und deinem Leben eine Veränderung durch Stärke, Mut und Zusammenhalt geben möchtest. Herzlich willkommen!

Gleich zu Beginn möchte ich sagen, dass es in diesem Buch nicht darum geht, wie dich bestimmte Methoden schnell zu beruflichem Erfolg führen oder dich zur produktivsten Version deiner selbst machen. Es geht darum, ein Mensch zu bleiben, deinen eigenen Weg zu finden und darauf zu vertrauen, dass du selbst in der Lage dazu bist, ein Leben zu kreieren, das dich erfüllt. Es geht nicht darum, ein Leben zu erschaffen, das oberflächlich betrachtet wie ein Erfolg aussieht, sich aber leer und bedeutungslos für dich anfühlt. Du erschaffst ein Leben, auf das du stolz bist, das dich erfüllt und Sinn stiftet – für dich und für andere. Dieses Buch feiert die Diversität der Menschheit und sieht darin eine Chance für dein eigenes Leben und unsere Gesellschaft. Je mehr unterschiedliche Sichtweisen, Standpunkte, Lebensstile, Erfahrungen und Geschichten aufeinandertreffen, umso spannender und bunter wird das Leben hier für alle.

Da ich dieses Buch allen Frauen und ihrem Empowerment widme, spreche ich im Folgenden auch hauptsächlich meine weiblichen Leserinnen an. Selbstverständlich freue ich mich auch über jeden Mann und jede diverse Person, die ich mit diesem Buch erreiche.

Das Buch enthält neben meiner persönlichen Geschichte auch viele Beispiele anderer Frauen und die sogenannten EM-POWERED ACTIONs, zahlreiche praktische Übungen für mehr Klarheit in deinem Leben. Du kannst dafür einfach Zettel und Stift oder mein Erfolgsjournal EMPOWERED ACTION nutzen. Egal, wie du ausgestattet bist – nach dem Lesen dieses Buches wirst du eine deutliche Vision von deinem erfolgreichen Leben und einen Plan haben, wie du sie erreichst. Du findest im Buch insgesamt drei Teile. Im ersten Teil geht es darum, deine Stärke und dein Potenzial zu erkennen. Mir ist es wichtig, dass du erkennst, wie viel du aus eigener Kraft bewegen kannst und dass du in den meisten Situationen nicht machtlos bist. Du kannst viel in deinem eigenen Leben bewegen und erreichen und auch im Leben anderer. Ich bin davon überzeugt: Du hast die Stärke, deine Träume zu leben und dein Leben zu dem besten Leben für dich zu machen. Jede Frau wurde mit dieser Stärke ausgestattet und wir dürfen uns erlauben, diese Stärke anzuerkennen, auch wenn uns vielleicht immer wieder erzählt wird, dass wir das nicht können oder dürfen.

Im zweiten Teil des Buches geht es um die Umsetzung. Denn: Was bringt dir dein Potenzial, wenn du es nicht lebst? Was bringt dir deine Stärke, wenn du deine Zeit mit Dingen verbringst, die dich nicht erfüllen oder weiterbringen? Veränderungen zu erwarten, die dein Leben bereichern, ohne etwas dafür zu tun, ist aussichtslos. Für Veränderungen, die du aktiv mitgestalten möchtest, musst du immer auch den Mut

> **Für Veränderungen, die du aktiv mitgestalten möchtest, musst du immer auch den Mut haben, dafür einzustehen und die Disziplin aufbringen, dranzubleiben.**

haben, dafür einzustehen und die Disziplin aufbringen, dranzubleiben. Im dritten Teil blickst du nicht mehr nur auf dich und auf dein Leben, sondern auch das Leben von anderen und deine Wirkung darauf. Denn wer im Leben nicht nur nimmt, sondern auch gibt, hat verstanden, worum es eigentlich geht. Der hat verstanden, dass das Leben keine Egoshow ist, sondern tiefgreifende gesellschaftliche Veränderungen immer nur gemeinsam entstehen können. Niemand hat die Weisheit mit dem Löffel gefressen. Menschen wachsen und reifen vor allem an der Verbindung zu sich selbst und zu anderen. Wer aber die Welt nicht nur durch seine eigenen Augen betrachtet, sondern offen für die Sichtweise anderer ist, der hat die Chance, über sich selbst hinauszuwachsen und wirklich etwas zu verändern.

„Turn your pain into power and your wounds into wisdom."
Oprah Winfrey

Was bedeuten Veränderungen?

Veränderung durch Empowerment – was heißt das eigentlich? Meiner Erfahrung nach sehnen sich viele Frauen (und ich vermute, auch Männer) nach Veränderungen, nach persönlichen, beruflichen und gesellschaftlichen Verbesserungen in ihrem Leben. Dieser Wunsch treibt viele um und beschreibt gleichzeitig eine Grundregel des Lebens, an der niemand rütteln kann: Das Leben selbst verändert sich ständig. Oder wie der griechische Philosoph Heraklit sagte: „Die einzige Konstante im Leben ist die Veränderung." Was mir dabei wichtig ist: Anstatt nur passiv Betroffene einer Veränderung zu sein, hast du auch die Möglichkeit, sie ganz aktiv mitzugestalten und Erbauerin deines eigenen Weges zu sein. Die Welt verändert sich sowieso immer weiter und wir selbst können zu einem großen Teil selbst mitbestimmen, wie sich unser Leben und unsere Gesellschaft gestalten sollen. Diese Möglichkeiten gilt es, auszuschöpfen und für uns zu nutzen. Das bedeutet für jede von uns, ganz individuell zu überprüfen, inwiefern sie bereits das Leben führt, das sie sich wünscht. Überlege auch du einmal kurz: Führst du das Leben, von dem du immer geträumt hast?

Jede Frau darf sich fragen, ob es Bereiche ihres Lebens gibt, die sie besonders glücklich machen, und ob es Bereiche gibt, die sie verändern möchte. Was tust du bereits dafür, dein Wunschleben zu führen und was kannst du noch tun? Nicht nur allein, sondern auch gemeinsam als Frauen und gemeinsam als Gesellschaft dürfen wir uns bei diesen Umbrüchen gegenseitig unterstützen und ganz gezielt solche Veränderungen anstreben, die uns erlauben, zusammen zu wachsen.

Statt immer höher, schneller, weiter zu wollen und alles in unserem Leben zu optimieren, geht es mir darum, wieder mehr zu uns selbst und als Menschen zueinander zu finden. Wir dürfen wieder mehr zu der Person werden, die wir längst sind. Wir als Frauen dürfen uns untereinander den Rücken stärken und unsere Position in der Welt nutzen und zusammenhalten, statt die Krallen auszufahren und uns zu bekämpfen. Denn nur gemeinsam können wir über unsere eigene Größe hinauswachsen und gesellschaftliche Veränderungen hin zu mehr Chancengleichheit, aber auch zu mehr Zusammenhalt und Unterstützung untereinander etablieren.

Wir dürfen wieder mehr zu der Person werden, die wir längst sind.

Das gilt nicht nur für den Zusammenhalt unter Frauen. Dieses Buch handelt zwar von Female Empowerment, braucht aber die Unterstützung und den Zusammenhalt aller Personen. Denn das Ziel ist es, dass wir uns gemeinsam auf den Weg machen und eine Gesellschaft schaffen, in der das Geschlecht für Positionen, Chancen und Möglichkeiten irrelevant wird. Im Vordergrund sollen nicht die Unterschiede zwischen uns stehen, sondern die Möglichkeiten, die Gesellschaft als Ganzes voranzubringen.

Statt darauf zu warten, dass sich in der Gesellschaft oder Politik etwas ändert, habe ich mir die Frage gestellt, was jede und jeder einzelne heute tun kann. Meine Antwort lautet: Nach innen schauen, die eigene Stärke erkennen und dann den Schritt nach außen wagen, diese auch zu leben. Möglichst viele hindernde Glaubenssätze und Konditionierungen der Gesellschaft ablegen und den Mut haben, ein Leben zu formen, wie wir es wirklich leben wollen. Nun möchte ich im zweiten Schritt auch andere darin bestärken und unterstützen, dasselbe zu tun und diesen Weg gemeinsam zu bestreiten.

Ich bin mir als weiße cis-Frau aus der deutschen Mittelschicht über meine privilegierte Position gegenüber Women of color, Frauen mit Behinderung, Frauen der LGBTQI+-Community, Frauen mit Migrationshintergrund und noch vielen weiteren Gruppen bewusst. Dabei bin ich mir auch darüber bewusst, dass ich nicht gegenüber allen Umständen sensibilisiert bin, nicht alles weiß oder verstehe und noch einiges lernen darf. Ich weiß aber, dass sich in dieser Welt etwas verändern wird – für mich und für dich, persönlich und gesellschaftlich – und dass ich mich dafür einsetze, diese neue, gerechte, starke Welt für uns alle erreichbar zu machen. Mir ist bewusst, dass die Erfahrungen, die ich in diesem Buch schildere, auf meinen eigenen beruhen und dass diese natürlich nicht die ganze Bandbreite an Einschnitten im Leben jeder Einzelnen widerspiegeln können. Ich bin trotzdem davon überzeugt, dass wir gemeinsam dafür einstehen, dass unsere weiblichen Stimmen gehört werden und unser Wert erkannt wird, auch wenn wir selbst untereinander nicht immer einer Meinung sind.

Das Bild der Gesellschaft von Frauen, die zu klein seien, sich nicht trauen würden oder nicht gebildet, klug oder stark genug für etwas seien, ist schon längst ins Wanken geraten. Große Veränderungen stehen bevor, die wir als Individuen und als Kollektiv mit steuern können.

Veränderungen sind nicht immer leicht und sicherlich kommen sie nicht ohne Hürden und Rückschläge, aber das Durchhalten lohnt sich, da bin ich mir ganz sicher. Wenn du das Privileg hast, dein Leben größtenteils so zu leben, wie du es dir wünschst, lade ich dich dazu ein, ein Teil dieser kleinen und großen Veränderungen zu sein – für dich und für andere.

Dieses Buch soll dich begleiten auf deinem mutigen Weg zu einer positiven Veränderung in deinem Leben und noch mehr hin zu der starken, unabhängigen Frau, die du bereits bist. Empower Yourself! Crush Your Goals! Empower Others!

Die Möglichkeiten für Veränderungen, die uns offenstehen, sind endlos. Wir führen ein Leben auf der nördlichen Erdhalbkugel in einem sicheren, freien Land, das uns erlaubt, Bücher zu veröffentlichen, zur Schule zu gehen, einen Beruf auszuüben, regelmäßig einzukaufen und so weiter. Diese Gegebenheiten sind längst nicht selbstverständlich und müssen genutzt werden. Oft gibt es aber etwas, das uns von dem Leben abhält, das wir uns wirklich wünschen. Es ist weniger die Fülle an Möglichkeiten, die uns abhält, sondern vielmehr sind es Ängste und Zweifel, die diese Möglichkeiten mit sich bringen. Sie können ganz unterschiedlicher Natur sein: Die Angst, zu scheitern, die Angst abge-

Empower Yourself!
Crush Your Goals!
Empower Others!

lehnt und verurteilt zu werden oder die Angst, Neues zu wagen und bekanntes, vermeintlich sicheres Terrain zu verlassen. Ich möchte dir sagen, dass du mit diesen Sorgen und Zweifeln nicht allein bist. Fast jeder Mensch ist im Laufe seines Lebens mit dem Gefühl konfrontiert, nicht genug zu sein, sei es in Bezug auf den Beruf, auf die Sexualität, auf Aussehen oder Bildung. Früher oder später konfrontiert uns das Leben in der Regel zusätzlich mit einer Gesellschaft und mit Menschen, die ihre Pläne bereits für uns geschmiedet haben und deren Vorstellungen davon, wie wir zu sein haben, fest in deren Köpfen verankert sind. In diesem Buch geht es allerdings nicht um die Vorstellungen anderer von dir, sondern um deine eigene Vorstellung von dir und von deinem Leben. Es geht darum, herauszufinden, wer du bist, was deine Träume und Ziele für dein Leben sind und wie du genau dieses Leben leben kannst. Es geht darum, dass du Methoden kennenlernst, mit denen du Veränderungen einleiten kannst und gleichzeitig deinen Weg nicht allein gehst. In diesem Prozess (ja, Veränderungen sind immer Prozesse und passieren selten von heute auf morgen) darfst du deine Fragen, Ängste und Zweifel ebenso teilen wie deine Erfolge, Träume und Visionen. Für alles ist Platz, sowohl hier in diesem Buch, in meinen Journals als auch online in meiner Community.

Es geht darum, herauszufinden, wer du bist, was deine Träume und Ziele für dein Leben sind und wie du genau dieses Leben leben kannst.

Möglichkeiten, die gewählt werden wollen

Ich erinnere mich noch gut daran, als wir zuhause das erste Mal einen dicken, riesigen, grauen Computer bekamen. Mein Herz ging auf, als ich erfuhr, dass er in meinem Zimmer stehen sollte.

Es handelte sich um ein Modell der frühen 2000er, das wir auf einem Computertisch platzierten. Es muss in meiner Grundschulzeit gewesen sein, als ich das Schreibprogramm darauf für mich entdeckte. Am meisten hat mich damals die Schrift fasziniert, die nicht mehr meine eigene Handschrift war, sondern der Schrift in einem Buch glich. Ich fühlte mich dadurch wie eine Autorin. Der Cursor wanderte über das Dokument, während in diesem Moment die Idee geboren wurde, eines Tages mein eigenes Buch zu verfassen. Man kann das jung und naiv nennen, aber ich glaubte fest daran. Immer wieder tat ich so, als würde ich ein Buch schreiben und brachte die zahlreichen Geschichten in meinem Kopf zu Papier. Schon bevor wir einen Computer besaßen, habe ich viel geschrieben. Ich schrieb Geschichten, Gedichte, Aufsätze und alles, was mir noch in den Sinn kam. Ich begann, mit dem Computer lediglich neue Möglichkeiten auszuschöpfen. Zum Beispiel lebte ich meine Leidenschaft des Schreibens noch weiter aus, verfasste eine Reihe Kurzgeschichten und verlieh ihnen mit dem Computer einen professionelleren, sauberen Look. Dieses Buch begann also nicht erst mit dem Schreiben der ersten Seite, sondern schon damals in meinem Kopf. Ich hatte zwar noch keinen Schimmer, dass dieses Buch dem Empowerment von Frauen gewidmet sein würde, aber ich wusste schon damals, dass es Ideen gibt, die es wert sind, verbreitet zu werden. Wie turbulent diese Reise werden würde und wie eines zum anderen führen sollte, konnte ich damals noch nicht ahnen. Was ich aber rückblickend bis hierhin sagen kann, ist: Es war chaotisch, zufriedenstellend, spannend, abenteuerlich, unbeständig, schmerzhaft und zugleich erfüllend – es war Wachstum. Es hat sich gelohnt.

Vielleicht fragst du dich, wie du die richtigen Möglichkeiten für dein Leben sehen und die gewünschten Veränderungen herbeiführen kannst. Genau das möchte ich dir anhand meiner eigenen Erfahrungen und meiner Erkenntnisse aus zahlreichen

Gesprächen und Interviews mit beeindruckenden Frauen schildern. Es ist meine Sicht auf das Leben und dessen Chancen und vielleicht findest du darin Denkanstöße und Lektionen, die auch du für deinen Weg mitnehmen kannst.

Was ich in diesem Buch teile, ist einzig meine Wahrheit und es muss nicht zwingend auch deine sein. Deswegen möchte ich dich einladen, dir anzusehen, wie ich die Welt sehe, um dir danach ein eigenes Bild davon zu machen. Vergiss nie, es ist dein Leben. Lasse dir von niemandem einreden, dass du es richtig oder falsch lebst oder dass es nicht okay ist, was du denkst, fühlst oder tust.

Während die Jahre einer unbeschwerten Kindheit vergingen, durfte ich in meiner Jugend lernen, was es heißt, Verantwortung für sich selbst und andere zu übernehmen, die Erwartungen der Gesellschaft kritisch zu hinterfragen und darin meine eigene Stärke zu entdecken. Ich durfte lernen, was es heißt, wenn ein Elternteil in jungen Jahren an Demenz erkrankt, wie sich diese Erkrankung auf die Familie, auf die Kinder und den verbleibenden Partner oder die Partnerin auswirkt, wie viel Unsicherheiten dies mit sich bringt und auch, wie viel Unverständnis bei anderen aus der Familie, im Freundeskreis oder im Umkreis aufkommen kann. Jede Person, die schon einmal eine solche oder ähnliche Erfahrung gemacht hat, wird sich erinnern, was es bedeutet, nicht zu wissen, wie es als Familie und finanziell weitergeht. Wenn man seinen ursprünglichen Plan im Leben kurzerhand ändern und neue Wege finden muss. Wenn man plötzlich auf seine eigene Stärke vertrauen muss – und kann. Spurlos ist diese Zeit dennoch nicht an mir vorbeigegangen, im Gegenteil.

Ich bekam Magersucht, fand mich eines Tages in einer Kinder- und Jugendpsychiatrie wieder, weil mein Puls in der Nacht wegen meines Untergewichts auf unter 38 Schläge pro Minute gesunken war. Ich fehlte für 16 Wochen in der Schule und bekam in dieser Zeit selten Unterricht. Stattdessen erhielt ich Therapien, Thrombosespritzen, Sonden und Besuchsverbot an meinem 16. Geburtstag. So schmerzhaft diese Momente physisch und psychisch waren und so dunkel sich diese Zeit anfühlte, so sehr konnte ich meine Stärke in dieser Zeit neu erkennen. Mittlerweile bin ich stolz auf das, was ich damals gemeistert habe und möchte dich einladen, auch auf dein bisheriges Leben zurückzublicken und zu erkennen, was du bereits alles gemeistert hast. Viel zu selten nehmen wir uns die Zeit, anzuerkennen, welche Erfahrungen wir machen durften und wie wir an ihnen wachsen konnten. Darum: Erinnere dich immer wieder bewusst an Momente in deinem Leben, auf die du stolz bist und in denen du deine Stärke gezeigt hast. Diese Erinnerungen können dich tragen, auch wenn es dir mal nicht so gut geht.

> **Erinnere dich immer wieder bewusst an Momente in deinem Leben, auf die du stolz bist und in denen du deine Stärke gezeigt hast.**

Schreiben als Stärke

Während meiner gesamten Jugend behielt ich das Schreiben bei. Was mit Kurzgeschichten begonnen hatte, mündete in Texte und Artikel für Unternehmen, mit denen ich mein Taschengeld aufbesserte. Ich schrieb Blogartikel, Produktbeschreibungen, Website- und Werbetexte und alles, was benötigt wurde. Die Texte schrieb ich remote, also von meinem Laptop aus meinem damaligen Zimmer heraus, als ich etwa 16 Jahre alt war. Während ich zusätzlich in einer Pizzeria die Teller abspülte und einer jungen Schülerin Nachhilfe gab, träumte ich eigentlich nur davon, zu Hause zu sitzen und Texte zu verfassen. Das Schreiben war meine Leidenschaft und immer, wenn ich schrieb, fühlte ich mich gut. So war mein erster Berufswunsch auch der Wunsch, Redakteurin zu werden. Zahlreiche journalistische Workshops, Praktika und Studentenjobs folgten auf diesem Gebiet, die sich ebenfalls als sehr wichtig für dieses Buch erwiesen. Nicht nur wegen der Skills, die ich erlernte im Bereich des Schreibens, sondern vor allem wegen der Erfahrungen, die ich durch das Schreiben machen durfte.

Noch heute denke ich zum Beispiel mit großer Freude an ein Praktikum in einer Münchener Redaktion zurück, die eine Zeitschrift für junge, weibliche Teenies publizierte. Hier feierte ich meinen 18. Geburtstag und war definitiv mehr mit mir im Reinen als noch zwei Jahre zuvor in der Klinik. Ich folgte nun immer mehr meiner inneren Stimme, die mir dabei half, meinen Weg zu finden und weniger an mir zu zweifeln. Ich genoss diese Zeit zutiefst. Tagsüber tat ich das, was ich am liebsten tat: Themen entwickeln, recherchieren, Artikel schreiben, Bilder auswählen, Produktsamples begutachten und E-Mails bearbeiten. Abends und am Wochenende verbrachte ich die Zeit mit einer lieben Freundin am Ufer der Isar, im Eisbach und in einem kleinen Gemeinderaum, in dem wir damals vorübergehend kostenlos untergekommen waren. Der Raum stand voll mit Gesangsbüchern und religiösen Schriften, war mit einem alten Teppich ausgelegt und hatte eine winzige Küche. Für uns lagen zwei Matratzen bereit. Wir hätten glücklicher nicht sein können über diese Unterbringung und unseren Sommer in München.

Als ich rund ein Jahr später mein Studium begann, nach Düsseldorf zog und einen Nebenjob antrat, änderte sich das jedoch recht schnell. Aus einem unbestimmten Grund – und ich konnte einfach nicht sagen, welchem – fühlte ich mich weniger glücklich. Obwohl ich scheinbar alles hatte. Rückblickend sehe ich, dass der Grund darin lag, dass ich viel weniger von dem tat, was mich zufrieden machte. Besser gesagt wusste ich nicht einmal mehr, was genau das war. Während andere ihren Weg genau zu kennen schienen, ihn verfolgten und ihre Träume lebten, hatte ich das Gefühl, auf dem Schlauch zu stehen. Es kam mir vor, als würde diese große Frage mein Leben dominieren. Was mache ich hier? Ich wollte endlich herausfinden, was ich mir für mein eigenes Leben eigentlich wünschte. Ich wollte wissen, warum ich hier war und worin der Sinn bestand, jeden Morgen aufzustehen. Aus meiner Unzufriedenheit und Unausgeglichenheit heraus, begann ich, mir immer intensiver die Frage zu stellen, was nicht nur ich, sondern auch andere davon hatten, dass ich hier war. Insbesondere nachdem ich die Magersucht überwunden hatte, wurden diese Fragen lauter. Ich wusste aus meiner Zeit kurz nach der Therapie, wie viel das Leben zu bieten hatte, wenn man gesund war. Ich hatte gespürt, wie viel mehr da ist und was das Leben ausmacht. Die Fragen geisterten über Monate in meinem Kopf, während die Tage verstrichen und ich mich fühlte, als wäre ich die einzige Suchende. Ich wollte herausfinden, was die Frauen ausmachte, die unbeirrt ihren Weg gingen und voller Freude lebten und vor allem wollte ich selbst zu einem solchen Menschen werden.

Inspiration durch anderer Frauen Wege

Durch Zufall ist mir eines Nachmittags das Buch „#Girlboss" von Sophia Amoruso in die Hände gefallen. Ich hatte es nie zu Ende gelesen, obwohl ich es mir bereits mit 14 Jahren gekauft hatte. Ich hatte es damals nicht beendet, weil ich mich das erste Mal richtig verstanden gefühlt hatte – paradox, aber es war meine Art und Weise, dieses Gefühl weiter anzuhalten. Vorne im Buch ist folgender Satz vermerkt: „A ,#Girlboss' is in charge of her own life. She gets what she wants because she works for it." In dem Buch beschreibt die US-amerikanische Autorin, wie sie ihren eigenen Online Shop *Nastygal* gegründet hat, nachdem sie eine der ersten war, die gebrauchte Kleidung zunächst über eBay verkaufte. Sie glaubte an die Idee, dass Menschen eines Tages Kleidung mehr und mehr über das Internet bestellen würden, als es kaum jemand sonst tat. Zu dieser Zeit bestellten die Menschen bereits Bücher und leicht zu versendende Gegenstände online, Kleidung jedoch war längst nicht gang und gäbe. In ihrem Buch spricht sie mit ihrem ganz eigenen Humor darüber, wie sie ihren Weg gefunden hat, welche Probleme dabei auftraten und wie sie es schaffte, dabei immer sie selbst zu bleiben. Sie schrieb frech, witzig und selbstbewusst, das gefiel mir. Nie zuvor kam mir ein Buch in die Hände, in dem eine Frau ihre eigene Geschichte auf so eine Art und Weise erzählte. Was auch immer andere von diesem Buch halten: Mich hat es dazu inspiriert, meinen Weg zu finden und mich für ein Thema stark zu machen, das mir wirklich am Herzen liegt. Aus dem Buch „#Girlboss" ist mit der Zeit eine ganze Bewegung starker Frauen entstanden, die ihre Träume und auch ihre unternehmerischen Ziele teilten. Im Jahr 2017 hat Netflix das Buch außerdem zu einer Serie verfilmt. Aus dieser Bewegung heraus entstand das Unternehmen girlboss®, das Frauen zu den Themen Geld, Karriere, Ressourcen und Selfcare weiterbildet und eine Plattform schafft, um sich mit anderen Frauen zu vernetzen.

Amorusos Geschichte wurde aber eigentlich erst richtig spannend, als ihr Online Shop *Nastygal* nach der Veröffentlichung des Buches insolvent ging. Während sie das Buch in der Blütezeit ihres Erfolgs schrieb, war dieser bald vorbei. Sie konzentrierte sich auf ihr Unternehmen girlboss®, doch auch aus diesem gab sie Anfang 2020 ihren Austritt bekannt. Wie ihr weiterer Weg aussieht, zeigt die Zeit. Was mich an ihrer Geschichte nach der Veröffentlichung ihres Buch im Jahr 2014 so beeindruckt? Keiner weiß, wie das Leben spielt. Du kannst beruflich noch so erfolgreich sein, verschiedene Umstände können dir einen Strich durch die Rechnung machen. Was ihre Geschichte auch zeigt: Es geht immer weiter und es gibt immer neue Möglichkeiten, die du ergreifen kannst. Nur weil sich ein Kapitel schließt, ist die Geschichte noch nicht vorbei. Nur weil du einen Rückschlag erlitten hast, bist du als Person nicht weniger erfolgreich und inspirierend. Oft ist das Gegenteil der Fall: Die Art und Weise, wie Menschen mit Rückschlägen umgehen, macht sie oft umso inspirierender.

Hier noch eine Anmerkung: Hinten im Buch findest unter „Ressourcen" eine Liste mit diesem und vielen weiteren Büchern und Quellen. Lass dich hier gerne ebenfalls von starken Personen inspirieren, die Möglichkeiten für sich gesucht und genutzt haben, einen Unterschied für sich selbst und andere zu machen.

Als ich das Buch mit Anfang 20 endlich zu Ende las, fühlte ich mich neu inspiriert. Das Gefühl von damals, zufrieden und bei mir angekommen zu sein, tauchte stückchenweise wieder auf. Mit den Gedanken des Buches machte ich mich online auf die Suche nach mehr solcher Inhalte. Ich wollte mehr darüber erfahren: Mehr über die Autorin und ihre Geschichte und mehr über andere Frauen, die genauso dachten. Im deutschsprachigen Raum jedoch gab es kaum eine Website oder einen Blog, der das Thema Female Empowerment aufgriff und auch Podcasts waren um 2016 herum in Deutschland eher noch rar gesät. Ich entschied mich, selbst einen Blog zu schreiben.

In dieser Zeit handelten die meisten Blogs, die ich kannte, von Mode, Beauty und Interior. Zwar fand ich diese Themen allesamt interessant, wollte auf meinem Blog aber auch Themen wie Female Empowerment und persönliche Entwicklung einbringen. Themen, die in meinen Augen dabei halfen, das Leben und sich selbst besser zu verstehen. Ich wollte, wie es auch Amoruso getan hat, nicht nur meine Leidenschaft des Schreibens ausleben, sondern auch die Frauen vernetzen und finden, die so dachten wie ich. Mein eigenes Projekt war geboren und ich war Feuer und Flamme dafür. Ich spürte, wie Lebensfreude, Leidenschaft und der Traum, mein Herzensthema mit der Welt zu teilen, zurückkamen. Zusätzlich hieße das auch, dass ich endlich wieder schreiben konnte und viele Arbeitsproben als Redakteurin und Texterin sammeln konnte. Ein echter Win-Win-Schachzug also. Mit wie vielen Hürden ich rechnen musste, meinen eigenen Blog und später in die Selbstständigkeit zu starten, hätte ich nicht gedacht. Wie verletzlich ich mich machen würde und wie angreifbar ich dadurch wurde, war mir zu dem Zeitpunkt nicht klar. Mitten in der Nacht erhielt ich E-Mails von Menschen, die ich nur flüchtig oder gar nicht kannte. Ich nahm wahr, wie andere tuschelten, wenn sie mir zufällig über den Weg liefen. Genauso wusste ich, dass viele sich außerdem überhaupt nicht dafür interessierten, was ich schrieb und welches Ziel ich damit eigentlich verfolgte. All das hat mich aber nicht davon abgehalten, weiterzumachen. Ich wollte dieses Gefühl nicht aufgeben, endlich etwas aus meiner Leidenschaft heraus zu tun. Ich wusste schon von meiner Zeit, in der ich krank war, dass sich Menschen Geschichten zum Reden und Weitertragen suchten – insbesondere in Kleinstädten. Wie oft meine Familie und ich das Thema in anderen Familien waren, weiß ich nicht. Aber ich weiß, dass Menschen auf mich mehr als einmal zukamen und mehr als nötig wissen wollten. Ich spürte, wie sie sich nicht für mich und meine Gesundheit interessierten, sondern für das nächste Detail zum Ausplaudern. Und das war schmerzlich.

„Surround yourself with women who talk about vision and ideas, not other people.“

Gerade eben bin ich alle Kommentare seit der Veröffentlichung meines Blogs 2016 noch einmal durchgegangen. Beim Schreiben dieser Zeilen kommen mir fast die Tränen, weil ich dir jetzt sagen kann, dass es so viele Menschen gab und gibt, die von Anfang an dabei waren. So viele wundervolle Freunde haben mich unterstützt. Sie haben mir ganz berührende Nachrichten geschickt, Artikel weitergeleitet oder Sprüche gezeigt, die mir gefallen könnten. So gut ich mich an die Menschen erinnern kann, die meinen Weg nicht verstehen konnten, so sehr traten die Kommentare, Nachrichten und Botschaften von Menschen in den Hintergrund, die sich inspiriert gefühlt haben. Rückblickend zu sehen, wie sehr die positiven Nachrichten überwogen haben, öffnet mir noch einmal nach Jahren die Augen. Es waren ganze 16 Seiten mit positiven Kommentaren. Okay, die Kommentare von meiner Mum nehmen sicher zehn Seiten in Anspruch, aber die übrigen sechs Seiten kamen von Menschen, die meine Artikel mit Freude gelesen, verlinkt und kommentiert haben.

Wenn ich dir also eine Botschaft mit auf deinen Weg geben darf: Es gibt immer Menschen, die an dich und deine Idee glauben. Öffne deine Augen für diese Menschen und schenke ihnen deine Aufmerksamkeit. Du wirst sehen, wie viele es in Wirklichkeit sind und du wirst auch sehen, wer deine wahren Freunde und Unterstützer sind. Aber nicht nur das: Wenn du das Gefühl hast, dass eine Idee wirklich gut ist und anderen helfen könnte, dann tut sie das auch mit großer Sicherheit. Es ist meistens eine leise Stimme, die dir das sagt. Selten ist es eine laute Stimme, die dich anschreit und sagt, dass das der richtige Weg ist. Manchmal sind die Zweifel deutlich lauter als diese leise Stimme und können deine Ideen zunichtemachen. Höre weniger auf die Stimme der

> **Es gibt immer Menschen, die an dich und deine Idee glauben. Öffne deine Augen für diese Menschen und schenke ihnen deine Aufmerksamkeit.**

Zweifel, sondern lausche aufmerksam der leisen, ermutigenden Stimme in dir.

„It's all a matter of perspective."

Wenn dir das Leben Ideen schenkt

Bei mir war es das Buch, das diese Stimme hat lauter werden lassen. Es ist mir in die Hände gefallen, es hat mich inspiriert und auf dem Rest meines Weges bin ich dem gefolgt, was sich richtig für mich angefühlt hat. Selbst als die Stimmen der Menschen, die nicht verstanden, was ich tat, in meinem Kopf lauter waren als die der Menschen, die mich unterstützten, gab es da noch meine eigene Stimme. Diese Stimme, die mir immer wieder sagte, dass ich diesen Blog starten sollte und dass es eine Chance für mich und viele Frauen war, uns zu vernetzen und zu stärken. Diese Stimme wurde mit der Zeit so laut, dass die Angst vor Ablehnung oder Gelächter immer kleiner wurde. Ich machte also einfach weiter und schrieb zunächst vor allem für mich selbst. Denn ich selbst wollte mich mit gleichgesinnten Frauen zusammentun.

Die Idee, Frauen zu ermutigen, ihre eigene Stärke zu erkennen, den Mut zu haben, sie auch zu leben und sich gegenseitig zu unterstützen, beflügelte mich und mein Schreiben.

Ich glaube sogar, dass wir alle andere Menschen brauchen, um Größeres als uns selbst zu erschaffen – um mehr Freiheit, Gerechtigkeit und Zusammenhalt in unserer Welt zu etablieren, um diesen Ort für alle Lebewesen zu einem lebenswerteren Ort zu machen.

Ich sehe immer wieder – auch bei mir selbst – wie viel ungenutztes Potenzial in Frauen steckt und dass wir gemeinsam Wege finden können, dieses Potenzial zu entfalten. Auf meiner Reise habe ich viele Frauen kennengelernt und durfte mitverfolgen, wie sie Netzwerke schaffen, Unternehmen gründen, Workshops für jüngere Frauen geben, sich als Mentorinnen zur Verfügung stellen und selbst zu welchen wurden. Ich durfte mitverfolgen, wie sie auf ihre Art eine Veränderung mit sich brachten und ein Leben verfolgten, das sich für sie richtig anfühlte. Nicht zuletzt glaube ich daran, dass dieses Potenzial in jedem Menschen vorhanden ist. Ich glaube sogar, dass wir alle andere Menschen brauchen, um Größeres als uns selbst zu erschaffen – um mehr Freiheit, Gerechtigkeit und Zusammenhalt in unserer Welt zu etablieren, um diesen Ort für alle Lebewesen zu einem lebenswerteren Ort zu machen. Und so idealistisch diese Idee klingen mag, geht es mir nicht darum, zu behaupten, dass damit jegliches Leid aus der Welt geschafft wird. Mir geht es darum, aufzuzeigen, wie viel ungenutztes Potenzial in uns Menschen und in unserer Zusammenarbeit steckt.

Der Grund, dass ich dieses Buch an Frauen richte, ist, dass ich beobachten konnte, wie sehr insbesondere Frauen an sich zweifeln und ihre Stärke zurückhalten. Ich möchte mit meinem Buch alle Frauen ansprechen, jeglicher Sexualität, Glaubensrichtung, Ethnie, Herkunft und jeglichen Alters. Jede Frau ist so individuell und einzigartig, wie sie nur sein kann und trotzdem verbindet uns eine Sache: unsere Stärke. Die uns aber nicht immer anerkannt wird. Oft geschieht dies durch die impliziten und expliziten Botschaften unserer Gesellschaft, Familie oder Freude. Denn keine Frau zweifelt von Beginn ihres Lebens an sich selbst. Wenn wir Frauen erkennen, dass unsere innere Stimme uns auf den richtigen Weg und zum eigenen Glück führt, fällt es uns meistens leichter, weibliche Stärke als das anzuerkennen, was sie ist: unendliches Potenzial. Wenn man sich anschaut, was Frauen allein im Alltag, im Beruf und auch in

Keine Frau zweifelt von Beginn ihres Lebens an sich selbst.

Krisenzeiten zu meistern in der Lage sind, wird schnell klar, wie beeindruckend diese Stärke ist. Als meine Mutter, meine Schwester und ich für einige Zeit vor dem Nichts standen, wussten wir, dass wir immer noch uns hatten. Wir konnten aufeinander zählen, auch wenn in dieser Zeit jede vor allem mit sich selbst beschäftigt war. Dennoch haben wir zusammengehalten, möglich gemacht, was andere für unmöglich hielten und sind gesund aus dieser Zeit gekommen. Das bedeutete für jede von uns, hart an sich zu arbeiten, unzählige Male über den eigenen Schatten zu springen und alle Kraftreserven anzuzapfen, die vorhanden waren. In dieser Zeit wurde mir bewusst, wie viele Reserven uns unser Körper zur Verfügung stellen kann. Es war unglaublich. Die Frauen in meiner Familie haben es dank dieser Kraft geschafft, sich in einem fremden Land ein neues Leben aufzubauen, Zwillinge zu gebären und großzuziehen, ihre Töchter durch schwere Krankheiten zu bringen, eine zweite Ausbildung zu machen, große finanzielle Schwierigkeiten zu überwinden und noch so viel mehr. Sie haben sich nicht unterkriegen lassen von den Erwartungen und dem Druck, den ihnen andere gemacht haben. Von den Zweifeln, die auf sie projiziert wurden. Sie haben selbst Verantwortung übernommen und sind trotz der Ängste von anderen eisern und mit dem größten und wärmsten Herz ihren Weg gegangen. Wenn die Frauen in meiner Familie alles in ihrer Macht stehende tun, ein Leben zu erschaffen, das lebenswert ist, zeigt mir das, dass jede Frau dazu in der Lage ist. Dazu müssen wir nicht zu Super Woman werden, sondern einfach nur wir selbst sein und das nutzen, was sowieso schon vorhanden ist. Wenn wir aufhören, diese Stärke und dieses Potenzial zurückzuhalten und uns endlich

> Wenn wir aufhören, diese Stärke und dieses Potenzial zurückzuhalten und uns endlich zugestehen, was wir können, kann das die gesamte Gesellschaft verändern.

zugestehen, was wir können, kann das die gesamte Gesellschaft verändern. Es führt dazu, dass wir uns unser Potenzial nicht nur selbst zugestehen, sondern dass es uns zugestanden wird.

> *„Each time a woman stands up for herself, without knowing possibly, without claiming it, she stands up for all women."*
>
> Maya Angelou

Was wäre, wenn du dich nicht aufhalten lassen würdest?

Wenn du deinen eigenen Weg gehst, rechne damit, dass dich andere versuchen werden, zurückzuhalten. In den meisten Fällen geschieht das aus einem Verantwortungsgefühl zu dir. Andere möchten dich vor „Fehlern" beschützen und glauben selbst nicht daran, dass dein Plan aufgehen könnte. Das kommt leider häufig vor, muss dich aber nicht aufhalten. Nutze es eher als Ansporn oder als eine von vielen Meinungen, die es zu deinem Vorhaben gibt.

Eine Ernährungsberaterin teilte mir kurz vor meinem Aufenthalt in der Kinder- und Jugendpsychiatrie mit, dass ich nie wieder normal essen können werde. Ich würde mich womöglich für immer am unteren Level des Normalgewichts bewegen und die Denkmuster einer Essgestörten im Kopf behalten. Für rund fünf Jahre meines Lebens behielt sie Recht. Bis ich keine Lust mehr hatte, schöne Momente zu verpassen, weil ich in Gedanken schon meine nächste Mahlzeit vorbereitete. Bis ich keine Lust mehr hatte, nur zu Hause zu bleiben, um dort so gesunde Gerichte wie möglich zu essen. Bis ich keine Lust mehr hatte, mein Leben zu verpassen, nur um viel zu lange im Fitnessstudio zu trainieren. Ich verabschiedete mich davon, dass meine Gedanken nur um Mahlzeiten kreisten und begrüßte das unbeschwerte Leben. Die Ernährungsberaterin sprach lediglich aus ihren eigenen Erfahrungen heraus. Ihre Tochter war Anfang 30, hatte ein Kind und sie erlebte mit ihr genau dieses Szenario. Es war ihre Realität, nicht meine. Ich traf die Entscheidung, dass meine Realität unbeschwerter aussehen sollte. Ich traf die Entscheidung, meine Realität zu verändern.

Wenn sich das Leben sowieso stetig verändert und wir bereits in der nächsten Sekunde nicht mehr die Person sind, die wir vorher waren, warum sollte ich mein Leben dann nicht zum Besseren verändern? Warum sollte ich mich weiterhin einschränken? Warum sollte ich weiterhin das Geschenk namens „Leben" verpassen? Denn es ist doch so: Es liegt in unserer Hand, ob wir die Entscheidung treffen, Verantwortung zu übernehmen und uns selbst das schönste Geschenk zu machen.

> **Es liegt in unserer Hand, ob wir die Entscheidung treffen, Verantwortung zu übernehmen und uns selbst das schönste Geschenk zu machen.**

Selbstverständlich weiß ich, wie anstrengend diese Verantwortung sein kann. Wie gerne würde ich manchmal wieder Kind sein, spielen und mir keine Sorgen über Rechnungen, Steuererklärungen, Versicherungen und Verträge machen. Wem geht es nicht so? Verantwortung zu übernehmen, ist in jeder Hinsicht anstrengend. In der nächsten Sekunde frage ich mich aber dann: Will ich das wirklich? Ich bin ganz froh, dass ich nun selbst entscheiden kann, wer sich um meine Steuern kümmert, welche Versicherungen ich brauche und welche Verträge ich eingehe. Denn ich weiß doch am besten, was ich benötige. Wenn ich in der Vergangenheit die Verantwortung für Dinge, die mich betrafen, abgegeben hatte, ging das oft schief. So fand ich mich zum Beispiel mit einer unnötigen Versicherung wieder, die für Angestellte galt und nicht für Selbständige, obwohl ich selbständig arbeitete. Über ein Jahr zahlte ich regelmäßig Beiträge und wusste nicht einmal, wofür ich das genau tat. Jeden Monat stellte ich mir auf ein Neues die Frage, bis ich es nicht mehr aushielt und den Versicherungsmakler anrief. Natürlich war er nicht begeistert darüber, dass ich anrief und den Vertrag nicht einfach so weiterlaufen ließ wie bisher. Ich kündigte. Es war nicht angenehm, aber ich kann nun wieder monatlich auf mein Konto schauen, ohne diese unnötige Ausgabe sehen zu müssen. Das waren der Anruf und die vielen kritischen Fragen mehr als wert. Und da habe ich es gesehen: Obwohl meine Mutter diese Versicherung für mich nach bestem Wissen und Gewissen abschloss, war es nicht die beste Wahl für mich.

Insbesondere zu Beginn von etwas Neuem folgen Auf und Ab schnell aufeinander. Ein Erfolg jagt die nächste Herausforderung, während an der nächsten Ecke wieder ein kleiner Erfolg wartet. Das alles geschieht manchmal, kurz bevor ein großes Problem wartet, das so groß ist, dass die meisten von uns schmeißen würden.

Ich weiß noch genau, wie sich diese Hochs und Tiefs in meinem Leben angefühlt haben. Zu sagen, dass das Leben wie eine Achterbahn ist, ist manchmal untertrieben. Die Sekunde, in der ich den „Publish"-Button für einen Blogartikel gedrückt habe, fühlte sich an, als würde ich in aller Öffentlichkeit meine Hosen herunterlassen. Ich habe mich nackt gemacht. Ich habe mich mit meinen persönlichen Gedanken anderen Menschen geöffnet und konnte nicht filtern, wer meine Gedanken verstand und wer nicht. Und das war nicht das letzte Mal auf dem Weg hierher, dass ich meine Hosen herunterließ. Im Gegenteil – hier fing die Reise erst an.

„Life only gives you what you can handle."

Das Leben mit seinen Phasen

Mittlerweile ist das mein daily business. Ich baue meine Social Media-Präsenz und meinen Blog täglich aus, veröffentliche Podcast-Episoden, generiere Einnahmen durch das Texten für Unternehmen, erhalte Anfragen für Keynotes sowie zu Online- und Offline-Workshops rund um Persönlichkeitsentwicklung, Motivation, das *Warum* und natürlich Female Empowerment. Außerdem entwickle ich meine eigenen Online-Programme. Ich verspreche dir, dass du nach spätestens drei Jahren Arbeit mindestens genauso routiniert mit deinem Projekt bist wie ich mit meinem und keine Angst mehr hast, dich beispielsweise in einer Story zu zeigen oder einen persönlichen Beitrag zu veröffentlichen. Wenn du etwas oft genug gemacht hast, verlierst du meistens auch die Angst davor.

Wie ich den Mut aufgebracht habe, überhaupt anzufangen? Es war die Botschaft, die ich Frauen übermitteln wollte, ihre eigenen Träume zu leben. Und wer war ich, wenn ich das nicht selbst tun würde? Wie konnte ich Frauen ermutigen, ihre Träume zu leben, wenn ich es nicht selbst tat? Ich musste und wollte es selbst tun. Mit jedem anfänglichen Post und Beitrag stellte ich mich also der Angst.

Erst vor kurzem wurde ich in einem Interview gefragt, wie man aus dem Ideen-Modus in den Macher-Modus wechselt, ohne dabei eine gewisse Aggressivität an den Tag zu legen. Kurz gesagt: Wie man den Mut dazu aufbringt. Ich glaube, dass es ohne Mut und den inneren Antrieb für etwas Größeres nicht funktioniert, über seinen Schatten zu springen. Ein solcher Schritt erfordert Mut, Aktionismus und die Bereitschaft, sich selbst dem eigenen Druck auszusetzen. Das muss nicht in voller Härte geschehen, aber du darfst dir einen Ruck geben. Zum Prozess des Erschaffens und in-die-Welt-Tragens gehört immer auch etwas Härte dazu. Anders könnten zum Beispiel auch keine Kinder geboren werden, wenn die Mutter nicht bereit wäre, sich dem Druck der Wehen zu stellen. Ähnlich wie bei einer Schwangerschaft und der Geburt ist es bei einem Projekt: Es bedarf beider Phasen, also Phasen des Drucks und der Entspannung, der Geschwindigkeit und der Ruhe, der Aggression und der Zurückhaltung sowie ganz viel Geduld. Diese Parallele macht sich sogar in meiner Sprache bemerkbar, wenn ich beispielsweise von meinem Buchprojekt oder meinem Blog als „mein Baby" spreche. Dazu zählen auch die stundenlange Arbeit und die Nächte, die ich damit verbrachte, die Website zu gestalten. Wer einmal damit begonnen hat, eine Website mit WordPress zu bauen, weiß, wovon ich rede. Ich schaute stundenlang Video-Tutorials, die mir erklärten, wo ich eine Domain kaufen, ein Theme einrichten und Plug-Ins installieren konnte, wo ich ein Sicherheitszertifikat herbekam und was zu tun war, wenn die Website plötzlich abgestürzt war. Hinzu kamen die Tage, an denen ich alles gab, aber an denen es sich anfühlte, als würde sich nichts bewegen. Als würde ich auf der Stelle treten und nicht vorankommen. Es konnte so frustrierend sein. In diesen Phasen habe ich mich gefragt: Wozu? Wozu stecke ich meine ganze Energie in dieses Projekt, wenn das Thema scheinbar sowieso keinen interessiert und nichts funktioniert?

Ich habe mir gewünscht, dass sich Frauen inspiriert fühlen, ihre eigenen Projekte zu starten, so wie ich mich damals von dem Buch „#Girlboss" inspiriert gefühlt habe. Ich wünschte mir, dass sie sich nicht allein fühlten und ihren Weg zusammen mit anderen starken Frauen meisterten. Genau dieser Gedanke war es, der mich durchhalten und diese anstrengenden Phasen meistern ließ. Die Mails mitten in der Nacht, die zahlreichen frustrierenden Stunden vor meinem Laptop und die lange (unbezahlte) Arbeit. So schwierig es auch sein mochte, es inspirierte und erfüllte mich dennoch. Schon in meinem ersten Post vom 25. November 2016 erklärte ich meine Vision:

„Ich habe mich entschieden, ein Leben zu führen, das mich glücklich macht, in dem ich an mir arbeite und Fehler als ‚Lesson' oder ‚Chance' statt als Rückschlag sehe. […] Ich wünsche mir, dass hier viele unter uns sind, die eines Tages ihre Träume wahr machen. Wir können gemeinsam herausfinden, was unsere Werte, Ziele und Visionen sind."

Wenn ich diese Worte heute lese, sehe ich, wie groß meine Sehnsucht und mein Wunsch damals waren, auf Gleichgesinnte zu treffen. Rückblickend bin ich zutiefst dankbar dafür, wie vielen tollen Frauen ich seither begegnen durfte, wie viele Geschichten voller Mut und Veränderung entstanden sind und zu sehen, wie sich Frauen gegenseitig dabei unterstützt haben, den eigenen Weg zu gehen. Es hat sich gelohnt, nicht aufzuhören und immer weiterzumachen. Heute sehen die meisten nur das Ergebnis, aber kaum jemand möchte hören, wie viel Arbeit hinter solch einem Projekt steckt. Niemand möchte die Niederlagen und Misserfolge sehen, die man einstecken musste und die gleichzeitig die größten Lehrer waren. Niemand möchte die Selbstverantwortung sehen, die hinter einem eigenen Projekt steckt. Niemand möchte wissen, wie unbequem der Weg zur Verwirklichung der eigenen Träume und zur Veränderung manchmal sein kann.

„Never a failure – always a lesson."

Die Frau, die unbeirrt ihren Weg geht

Durchschnittlich leben wir zwischen 80 und 90 Jahren auf dieser Erde. Je nachdem, an welchem Punkt du stehst, hast du gut ein Viertel, die Hälfte oder vielleicht den überwiegenden Teil deines Lebens auf dieser Erde bereits verbracht. Dürfen wir die Jahre, die hinter uns liegen, nicht als Geschenk ansehen und die Jahre, die vor uns liegen, nicht als Chance? Als Chance, unser Potenzial, das uns in die Wiege gelegt wurde, völlig auszuschöpfen und Veränderungen herbeizuführen, wenn wir sie für nötig halten? Jede Frau trägt so vielfältige und individuelle Wünsche in sich, die unsere Gesellschaft bereichern. Deswegen geht es mir auch nicht darum, Schwächen auszugleichen, sondern die vorhandenen Stärken zu nutzen. Wenn das jede Frau tut, verbessert sich nicht nur das eigene Leben schlagartig und exponentiell, sondern auch das der anderen. Wie diese Stärken aussehen, ist bei jedem Menschen völlig unterschiedlich. Auch hier durfte ich erst noch erkennen, dass sich etwas, nur weil es sich für mich leicht anfühlt, nicht automatisch auch für andere leicht anfühlt. Ein gutes Indiz für meine Stärke war zum Beispiel, dass ich lieber in meinem Zimmer saß und dort malte, schrieb und bastelte und nicht wie meine Schwester auf Bäume kletterte. Ich war das Kind, das stundenlang vor einem Blatt Papier sitzen und zeichnen konnte. Dabei ging mein Herz auf und ich war am glücklichsten. Während die ganze Familie Tatort schaute, schlich ich mich nach oben und setzte mich an meinen Schreibtisch. Wenn das kein Zeichen für eine Leidenschaft ist!

Spätestens aber in der Schule geht es (für die meisten von uns und leider) nicht mehr darum, seinen natürlichen Stärken zu folgen. Dann geht es vor allem darum, das zu tun, was von dir verlangt wird. Es wird geschaut, welche Berufe bedient werden wollen und wo der Bedarf der Gesellschaft liegt. Aber nur selten wird geschaut, welcher Bedarf bei den Kindern liegt. Kindern wird nicht mehr beigebracht, dem zu folgen, was ihnen wirklich Freude und Erfüllung bringt. Stattdessen wird ihnen oft beige-

> Je nachdem, an welchem Punkt du stehst, hast du gut ein Viertel, die Hälfte oder vielleicht den überwiegenden Teil deines Lebens auf dieser Erde bereits verbracht.

bracht, womit sie am Ende viel Geld verdienen können oder was andere brauchen. Wie beides geht, weiß meistens niemand. Wenn ihnen überhaupt Wege aufgezeigt werden, dann vor allem die Wege, von denen andere profitieren. Wo Selbstzweifel und Schüchternheit oft noch keine große Rolle gespielt haben, beginnen sie spätestens hier. Ein Beispiel ist, dass Mädchen in der Schule immer noch viel zu oft zu Zurückhaltung und Ruhe ermahnt und dadurch klein gehalten werden, ein typisches Stigma unserer Gesellschaft. So war das auch bei mir in der Schule: Mädchen, die ihre eigene Meinung vertraten, wurden schnell mundtot gemacht, indem man ihnen sagte, dass sie unverschämt, arrogant oder zickig seien. Ruhige Mädchen waren „liebe" oder „brave" Mädchen. Ich durchschaute das Spiel und tat (meistens), was von mir verlangt wurde. Ich lernte, was es brauchte, um einen guten Notendurchschnitt im Abitur zu erreichen und um zu meinem Wunschstudium in meiner Wunschstadt zugelassen zu werden. Ich tat nicht mehr und nicht weniger und erreichte schlussendlich dieses Ziel. Ich spielte das Spiel mit, wenn auch zum Teil nach meinen eigenen Regeln. Ich fand die Lücken, mit denen ich fehlen konnte, ohne ärztliche Atteste vorzuweisen oder meine Hausaufgaben nicht zu machen brauchte, ohne mit großartigen Konsequenzen rechnen zu müssen.

„Work smart, not hard."

Was heißt schon „normal"?

Wo die Gesellschaft erwartet, dass sich Mädchen anpassen und still sind, ist kaum Platz für die eigene Bestimmung. Im Übrigen gilt die gesellschaftliche Forderung „Bitte normal sein" nicht nur für Frauen, sondern für alle Gruppen. Aber wer definiert normal? Und ist etwas, nur weil es „normal" ist, auch automatisch besser? Die Definition des Dudens von „normal" beinhaltet folgende zwei Bedeutungen:

1. der Norm entsprechend; vorschriftsmäßig
2. so [beschaffen, geartet], wie es sich die allgemeine Meinung als das Übliche, Richtige vorstellt

Richtig gelesen: Wie es sich die Allgemeinheit als das Richtige *vorstellt*. Aber nicht, was das Richtige *ist*. Für mich ist das ein riesengroßer Unterschied und zeigt mir, dass „normal" nicht zwingend erstrebenswert ist. Wir sind nicht mit so viel Potenzial und Stärke geboren worden, um ein Leben zu leben, wie es sich andere vorstellen. Wir sind so ausgestattet worden, um unser eigenes bestmögliches Leben zu leben. Ist es nicht längst an der Zeit, hinter den Vorhang von Normalität zu blicken, weniger auf das zu hören, wovon andere profitieren würden, sondern mehr auf das, was die eigene Stimme sagt? Ist es nicht viel wichtiger, Kindern beizubringen, wie man seine eigenen Stärken bestmöglich nutzen und dabei seine eigenen Ziele und Träume verwirklichen kann?

Durch meine frühere Magersucht weiß ich, wie schwierig es sein kann, einen Weg zu gehen, der nicht vollends der Normalität entspricht. Aber ist ein Leben innerhalb der Normalität immer angenehmer?

> Wir sind nicht mit so viel Potenzial und Stärke geboren worden, um ein Leben zu leben, wie es sich andere vorstellen. Wir sind so ausgestattet worden, um unser eigenes bestmögliches Leben zu leben.

Bist du bereit für Veränderungen?

So viel zu meiner Geschichte, kommen wir zu deiner. Nutze dieses Buch für deine eigene Veränderung. Werde produktiv. Überlege dir, was dich weiterbringt und was nicht. Um dir eine Idee davon zu geben, was du mit den Anregungen aus diesem Buch tun kannst, findest du am Ende jedes Kapitels eine EMPOWE-RED ACTION. Das sind praktische Übungen, mit denen du das Gelesene festigen und mehr Klarheit für dich erlangen kannst. Sicherlich werden dir einige EMPOWERED ACTIONs sehr leicht von der Hand gehen und andere wiederum nicht. Einige wirst du schon umgesetzt haben, andere wiederum könnten neu für dich sein und Zeit brauchen. Sie sind bewusst so gewählt, dass sie Zeit in Anspruch nehmen können, denn echte und nachhaltige Veränderungen dauern. Nimm dir diese Zeit. Es ist ein Privileg, entscheiden zu können, was du mit deinem Leben anstellen möchtest und es ist ein Privileg, das in Frieden zu tun. Umso wichtiger ist es, dieses Privileg zu nutzen und es nicht zu verschwenden. Nutze es und hilf anderen, das Gleiche zu tun.

Es ist ein Privileg, entscheiden zu können, was du mit deinem Leben anstellen möchtest und es ist ein Privileg, das in Frieden zu tun. Nutze es!

Teil 1: Empower Yourself! –
Erkenne deine Stärke

Deine Stärke

Dieses Buch beginnt bei dir und deiner Stärke, weil hier alles beginnt. Aber was bedeutet es, stark zu sein?

In meinen Augen gibt es verschiedene Arten von Stärke. Jemand kann physisch stark sein, mental stark sein oder auf einem anderen Gebiet große Stärken mitbringen. All das meine ich allerdings nicht. Die Stärke, um die es mir hier geht, ist deine natürliche innere Stärke. Du kannst sie auch dein Potenzial, dein (Leistungs-)Vermögen, deine Fähigkeiten und Mittel oder deine Ressourcen nennen. Es ist deine Stärke, die dir die Möglichkeit gibt, dein Leben so zu leben, wie du es möchtest und es ist die Stärke, die dich ausmacht. Du bist diese Stärke, die deinen Weg schon längst kennt. Diese Stärke ist unbegrenzt, ganz persönlich und erfüllt nur einen Zweck: Erkannt, gelebt und genutzt zu werden. Ohne Zweifel ist diese Stärke in jeder und jedem von uns vorhanden. Du kannst sie dir wie deinen Herzschlag vorstellen beziehungsweise deinen Herzschlag als Bild und Symbol für deine

> Du bist diese Stärke, die deinen Weg schon längst kennt. Diese Stärke ist unbegrenzt, ganz persönlich und erfüllt nur einen Zweck: Erkannt, gelebt und genutzt zu werden.

Stärke verstehen – jeder hat ihn und du musst nichts dafür tun. Zu sehen ist diese Analogie zwischen Herz und Stärke übrigens auch in unserer Sprache. So sprechen wir beispielsweise von „Herzenswünschen", einem „brennenden Herzen", „mit Herzblut dabei sein" oder „am Puls der Zeit sein". Das Herz spielt eine große Rolle dabei, wenn es um Veränderung und um Stabilität in deinem Leben geht, das uns entspricht. In einer rationalen Welt wird dieser Aspekt oft nicht berücksichtigt. Unser Potenzial und auch unsere Herzenswünsche werden oft ignoriert. Aber genau diese sind so wichtig, wenn wir Veränderungen herbeiführen wollen. Wir dürfen entscheiden, wie diese Veränderungen aussehen sollen, und die Antwort darauf kennt unser Herz – nicht zwingend unser Kopf. Unser Kopf wird später im Buch benötigt, hier geht es aber erst einmal darum, was du fühlst und nicht, was du denkst. Mir geht es darum, dich für diese Stärke zu sensibilisieren.

Viel zu oft erlebe ich Frauen, die denken, sie seien nicht stark, gut oder fähig genug für eine Veränderung und ein Leben, das ihnen entspricht. Viel zu oft erlebe ich Frauen, die denken, sie können nicht das erreichen, was sie sich wirklich wünschen, und viel zu oft war ich selbst diese Frau. Zwar habe ich immer versucht, meinem Weg zu folgen und nicht zu sehr an mir zu zweifeln, aber diese Momente gab es trotzdem oft genug. Ich dachte, ich könnte es nicht schaffen. Immer wieder musste ich meine Stärke unter all den Begrenzungen, Zweifeln und Ängsten hervorholen und mich daran erinnern, wie stark ich wirklich bin. Ich musste mich daran erinnern, dass das Blut durch meine Adern nicht von selbst fließt, sondern durch meinen Herzschlag. So lange das Blut durch deine Adern fließt, besitzt du diese Stärke und auch die Träume, die in dir verborgen liegen. Du hast die Stärke und dieses Leben bekommen, um all deine Träume, Ziele und deinen innere Stärke zu leben. Du hast genau die Stärke und das Potenzial bekommen, um diese Erfahrungen zu machen. Wir dürfen erkennen, dass Stärke in uns existiert und lediglich unter verschiedenen Vorstellungen und Begrenzungen vergraben liegt. Erlaube dir, deine Erfahrungen nicht zu verpassen, sondern sie mit voller Stärke zu leben.

Es braucht keine Krankheiten oder Schicksalsschläge, um die eigene Stärke (wieder) zu erkennen. Manchmal braucht es nur den Blick nach innen, ein In-den-Herzschlag-hinein-spüren oder ein Nach-innen-horchen-und-schauen-was-auftaucht. Besonders in unserer heutigen, schnelllebigen Gesellschaft, die sich am Außen orientiert, ist diese Stärke für mich ein Geschenk. Ein Geschenk, das ich nicht verschwenden möchte, indem es ungenutzt bleibt.

> **Erlaube dir, deine Erfahrungen nicht zu verpassen, sondern sie mit voller Stärke zu leben.**

„*The best and most beautiful things in the world cannot be seen or even touched, they must be felt in the heart.*"

Helen Keller

Wie ich in zwei Minuten meine Stärke erkannte

Wann hast du dich das letzte Mal gefragt, ob das, was du tust, dich gerade wirklich glücklich macht? Wann hast du dir das letzte Mal zugestanden, dass dein Wunsch nach Veränderung wirklich zu dir gehört?

Meine größte Erkenntnis, die ich in Bezug auf meine Stärke erleben durfte, war keine große Heldentat, sondern es waren zwei stille Minuten. Es war die Zeit, als ich gerade dabei war, meine Masterarbeit zu schreiben, in die Selbständigkeit zu starten und gerade umgezogen war. Kurz zuvor hatte ich mich von einer fünfjährigen Beziehung getrennt und lebte allein in einer Wohnung, die eigentlich für zwei gedacht war. Alles fühlte sich unsicher und chaotisch an. Die Unsicherheit machte mir zu schaffen und mein Kopf suchte nach Wegen, wieder zu mehr Stabilität zu kommen. Ich bat eine Mentorin um Rat, die mir bis heute Orientierung gibt, und fragte, was ich tun könnte. Sie ließ mich zwei Minuten lang die Augen schließen und fragte dann: „Was hast du gespürt?" Ruhe. Ich hatte nichts als Ruhe und Sicherheit gespürt. Alles, wonach ich um mich herum gesucht habe, habe ich gefunden, als ich nach innen geblickt habe. Das Gefühl, nach dem ich mich gesehnt hatte, war schon längst da.

Zum einen zeigte mir dieser Blick nach innen, wie viel in mir steckte. Während sich im Außen viel veränderte und der Kopf nach Sicherheit, Altbekanntem und Stabilität suchte, reichte ein Blick nach innen, um das Gesuchte zu finden. Der Blick nach innen hat mir geholfen, in Zeiten der extremen Veränderungen Ruhe zu bewahren. Er hat mir geholfen, nicht zu vergessen, dass nichts mehr fehlt, sondern alles schon da ist. Ich musste, um das zu erkennen, auf mich und meine innere Stärke hören. Ich hatte viel zu lange vergessen, auf die wichtigste Person zu hören, die in meinem Leben eine Rolle spielt: mich selbst. Ich habe mich von den Situationen um mich herum ablenken lassen und davon, was andere von mir wollten. Nie habe ich mir die Frage gestellt, was ich eigentlich will und brauche.

Morgens wachte ich bereits mit einem mulmigen Gefühl im Magen auf, mein Herz schlug schneller und mein Brustkorb zog sich zusammen, sobald ich an die ersten To-Dos dachte. Ich fühlte mich, als würde ich schwimmen, nur dass kein Land in Sicht war. Seitdem versuche

> In diesen zwei Minuten habe ich erkannt, dass ich niemanden brauche, außer mich selbst. In mir steckt so viel Stärke, dass ich alles, was auf mich zukommt, meistern kann.

ich, meinen Blick immer wieder nach innen zu richten und merke dabei: Je öfter mir das gelingt, desto entspannter bin ich. Und je länger ich das vergesse zu tun, desto gestresster, unruhiger und unausgeglichener bin ich. In diesen zwei Minuten habe ich erkannt, dass ich niemanden brauche, außer mich selbst. In mir steckt so viel Stärke, dass ich alles, was auf mich zukommt, meistern kann. Nicht immer ohne die Hilfe anderer, aber immer aus eigener Kraft.

„I like to see myself as both, a piece of art and a work in progress."

Eine starke Frau hat viele Facetten

„Katharina, hast du keine Angst?", wurde ich schon mehrmals gefragt. Der Kontext war immer ein anderer, aber meine Antwort war die gleiche: Doch, manchmal habe ich Angst. Aber ich weiß, wie viel ich bereits gemeistert habe und zu wie viel ich in der Lage bin. Ich kenne meine Stärke und mein Potenzial. Ich fühle beides jeden Tag.

Ein sehr bereicherndes Gespräch darüber hatte ich mit einer beeindruckenden Frau. Ich durfte darin viel über sie und ihre Vergangenheit erfahren. Ihre Geschichte faszinierte mich, ich hörte gespannt zu. Sie erzählte mir von den Ländern, in denen sie bereits gelebt hat, von ihrer Familie und ihrer Erziehung. Vieles davon erklärte ihre Weltsicht und offenbarte zeitgleich ihre Stärke. Ich hatte das Gefühl, in diesem Gespräch nicht nur ihre Geschichte zu erfahren, sondern sie wirklich als Mensch kennenzulernen. Sie hat mir davon erzählt, wie sie die Welt wahrnimmt, was ihr Vater immer zu ihr gesagt hat und welche Hürden sie überwinden musste. Zwischen den Zeilen konnte ich aber auch hören, wie sie ihr ganzes Leben lang ihre Stärke gelebt hat – und das war sicher nicht immer der einfache Weg. Aber es war ihr Weg.

Jedes Mal, wenn ich mit Frauen spreche, bin ich beeindruckt, wie viel Stärke sich in jeder einzelnen von ihnen verbirgt. Ich habe noch nie eine Frau getroffen, die diese Stärke nicht besitzt, aber ich treffe und arbeite täglich mit Frauen zusammen, die grundverschieden sind. Das lässt mich zu dem Schluss kommen, dass Stärke viele Facetten hat.

Frauen sind facettenreich, jede auf ihre eigene Weise stark und würdevoll.

Ich kenne Frauen, die für ihre Rolle als Mutter leben. Für sie gibt es nichts Schöneres, als ihre oder die Kinder von anderen aufwachsen zu sehen und zu erziehen. Sie blühen auf, wenn es um Themen der Kindererziehung, -betreuung oder -pflege geht. Ich kenne auch Frauen, die sich für Kinder und für die Karriere entschieden haben und ihre Kinder teils mit ihrem Partner oder ihrer Partnerin großziehen, teils aber auch völlig allein. Wieder andere Frauen haben sich bewusst dafür entschieden, lieber Single und zufrieden als mit dem falschen Mensch an ihrer Seite alt zu werden. Sie alle haben ihre Rollen gefunden und doch sind sie so viel mehr als das. Kein Weg ist dabei besser als der andere. Frauen sind facettenreich, jede auf ihre eigene Weise stark und würdevoll. Du kannst keinen falschen oder richtigen Weg gehen. Du gehst immer deinen Weg, basierend auf deinen Entscheidungen und deiner Intuition.

Lange habe ich das Ziel verfolgt, alles richtig zu machen. Ich wollte immer die vermeintlich richtigen Entscheidungen treffen und niemals falsch abbiegen. Bis ich verstanden habe, dass diese „falschen" Entscheidungen zu mir gehören und mein Leben ausmachen. Ohne diese Entscheidungen hätte ich nicht erkannt, welcher Weg sich für mich gut anfühlt.

Eine Eigenschaft, die ich über die Jahre lieben gelernt habe, ist das kritische Hinterfragen. Warum? Unter anderem weil sich viele Menschen wünschen, dass wir es nicht tun. Ich habe eine Freundin, die so offen gegenüber anderen Menschen ist wie keine andere Person, die ich kenne. Trotz und dank ihrer Intelligenz verurteilt sie niemanden, hört sich offen die Meinungen anderer an – aber hinterfragt auch kritisch. Ein Aspekt, den ich besonders an unserer Freundschaft schätze. Denn was bringt mir Lob dort, wo es nicht angebracht ist? Es irritiert. Was bringt mir Stille, wenn es etwas gibt, das unbedingt gesagt werden muss? Sie beschränkt. Am Ende bringen mich ihre Fragen so viel weiter – sie bringen mich und meine Ideen auf das nächste Level. Es gibt viele Momente, in denen ich diese kritischen Fragen am liebsten überhöre. Es ist anstrengend. Es ist unbequem. Es macht keinen Spaß. Aber es bringt mich dorthin, wo ich sein möchte – zurück zu meiner Stärke und zu mir. Es führt dazu, dass ich ehrlich zu mir bin und niemandem – erst recht nicht mir selbst – etwas vormachen kann. Und weil ich diesen Fehler selbst schon zu oft gemacht habe, kann ich es dir nur ans Herz legen.

Ich habe sehr lange geglaubt, sicherlich bis ich 16 Jahre alt war, dass erwachsene Menschen wissen, was sie tun. Bis ich selbst erwachsen wurde und gemerkt habe, wie viele Menschen gar nicht genau wissen, was und warum sie es tun. Aber es ist deine Stärke, die gelebt werden will. Es ist dein Leben, das deinen eigenen Vorstellungen entsprechen darf. Hinterfrage, was andere von dir wollen, was du selbst möchtest und ob du dein Leben gerade im Einklang mit deinen Vorstellungen verbringst. Die Eigenschaft des Hinterfragens wird dich zwar nicht immer beliebt machen,

> **Es ist dein Leben, das deinen eigenen Vorstellungen entsprechen darf.**

weil das bedeutet, dass du nicht immer das tust, was andere von dir erwarten. Aber vor allem wird sie dich dorthin bringen, wo du wirklich sein möchtest. Es gibt so viele Konformitäten, Regeln und Normen, die unsere Vorstellung von unserem Leben und von unseren Zielen vernebeln. Wie oft entscheiden sich Menschen gegen einen Berufszweig, weil man damit vermeintlich nicht genug Geld verdient? Wie viele Menschen wählen einen Beruf, der „sicher" ist? Wie viele Menschen entscheiden sich nicht für einen Beruf, weil sie sich nicht zutrauen, es zu schaffen? Lange wollte ich Redakteurin für ein Magazin in einem der großen Verlage in München oder Hamburg werden. Nach einem Praktikum in der Münchener Redaktion habe ich etwas später einen Platz für ein renommiertes deutsches Sportmagazin bekommen. Ich war bereits zum Vorstellungsgespräch vor Ort, habe am Fitnesstraining mit der gesamten Redaktion in der Mittagspause teilgenommen und hatte den Platz in der Tasche. Eigentlich hätte ich glücklicher nicht sein können. Aber ich habe das Praktikum nie angetreten. Rund drei Monate bevor es losgehen sollte, habe ich den Termin abgesagt und es später bereut, weil ich das Praktikum wirklich gerne gemacht hätte. Aber ich hatte Angst. Ich hatte Angst, den Ansprüchen nicht zu genügen, das Fitnesstraining in den Mittagspausen nicht durchzustehen und keine Wohnung in Hamburg zu finden. Keine Angst davon lässt sich rational begründen, aber die Angst war in meinem Kopf. Warum ich diese Geschichte teile? Weil ich nicht möchte, dass du dir von irgendwem einreden lässt, dass du etwas nicht schaffen kannst – schon gar nicht von dir selbst. Ich möchte nicht, dass du den gleichen Fehler machst wie ich. Schlussendlich schätze ich, dass ich diese Erfahrung gemacht habe, um mir danach nicht wieder solche Möglichkeiten entgehen zu lassen.

In dem Buch „5 Dinge, die Sterbende am meisten bereuen" hat die australische Palliativpflegerin Bronnie Ware Menschen nach den Dingen gefragt, die sie am meisten bereuen. Sie hat erstaunlicherweise fast immer sehr ähnliche Antworten bekommen, die sie in ihrem Buch teilte. Die eine Sache, die Sterbende am meisten bereuten, war, nicht den Mut gehabt zu haben, sich selbst treu zu bleiben und stattdessen so gelebt zu haben, wie es andere von ihnen erwarteten. Als ich das gelesen habe, musste ich schlucken. Die meisten haben nicht einmal die Hälfte ihrer Träume gelebt. Nur wir selbst wissen, was wir für unser Leben wünschen und nur wir können uns dazu entscheiden, es so zu leben. Was haben wir davon, wenn wir es anderen recht machen? Wir haben die Möglichkeit, unser Leben so zu leben, wie wir es uns wünschen. Und am Ende meines Lebens möchte ich sagen können: „Ich habe mein Leben geliebt."

> **Nur wir selbst wissen, was wir uns für unser Leben wünschen und nur wir können uns dazu entscheiden, es so zu leben.**

„There's nothing more powerful than a woman determined to rise."

Du sein – stark sein

Stark sein ist höchst individuell und beinhaltet immer die eigene Vorstellung von einem erfüllten und glücklichen Leben. Wenn ich von Stärke spreche, spreche ich vor allem von deiner inneren Stärke. Die Stärke, die das Herz zum Schlagen bringt und die Lunge zum Atmen. Für diese Stärke bedarf es nichts. Sie erfordert kein Tun, kein Handeln und keine Anstrengung. Sie erfordert nur dich. Hinterfrage alles und jeden, der dir deine Stärke absprechen und dich vom Gegenteil überzeugen will. Tief in dir weißt du nämlich genau, was das Beste für dich ist und wo deine

Reise hingehen soll. Keiner weiß so gut wie du, was dich glücklich macht. Vertraue darauf. Stark zu sein bedeutet, Ja zu dir selbst zu sagen und Nein zu allem anderen, was dich von deinem Weg abbringt. Nein zu all den Stimmen, Menschen und Situationen, die nicht zu dir passen.

Aber Nein zu sagen, will auch gelernt sein. Oft fehlt der Mut, ein klares Nein auszusprechen. Viel lieber sagen wir: „Vielleicht.", „Ich überlege es mir noch einmal." oder „Klar, wieso nicht?" Wieso nicht? Weil es um dein Leben und um deine Zeit geht, die dir keiner mehr zurückgeben kann. In dem Moment, in dem du deine Zeit an Dinge verschenkst, die dir nicht guttun, verschenkst du deine kostbare Lebenszeit.

Keiner weiß so gut wie du, was dich glücklich macht. Vertraue darauf.

Ein wunderbares Gedankenexperiment hierzu ist die Visualisierung mit einem Seil oder einer Zeitleiste. Du kannst dir dafür zum Beispiel einen Faden oder einen Papierstreifen besorgen und ihn in rund acht gleichmäßige Teile aufteilen. In dem Experiment geht man davon aus, rund achtzig Jahre alt zu werden und jeder Teil steht für zehn Jahre unseres Lebens. Nimm dir nun eine Schere zur Hand und schneide das Stück ab, das du bereits gelebt hast. Wenn du zum Beispiel 30 Jahre alt bist, schneidest du die ersten drei Teile ab. Jetzt siehst du, was noch von deinem Leben übrig bleibt, aber auch, wie viel du davon schon gelebt hast.

Bei diesem kleinen Experiment wird mir immer wieder bewusst, dass nichts, kein Fehler, kein Scheitern und keine Ablehnung so schlimm sind wie das Vergeuden von Lebenszeit und das Nichtstun. Das Leben vergeht so schnell und am Ende bist du diejenige, die mit den Entscheidungen leben muss. Deswegen lohnt es sich, genau zu überlegen, wie diese Entscheidungen ausfallen. Es lohnt sich, zu hinterfragen, was andere von dir wollen und was du willst. Es lohnt sich, zu all den vielen anderen Dingen Nein zu sagen und es lohnt sich, dir dieser Eigenverantwortung bewusst zu werden.

Als Kind habe ich mich darauf gefreut, endlich 18 Jahre alt zu werden, in eine größere Stadt zu ziehen und über mein eigenes Leben bestimmen zu können. Ich habe mir oft vorgestellt, wie es wohl sein würde, selbst bestimmen zu können, wann ich ins Bett gehe, wann ich esse und was ich unternehme. Als ich endlich 18 Jahre alt wurde, habe ich all diese lang ersehnten Freiheiten wirklich genossen und wollte sie nie mehr eintauschen. Aber diese Freiheiten bedeuten auch, Verantwortung für deine Entscheidungen zu übernehmen und die Konsequenzen dafür allein zu tragen. Es liegt bei dir, mit welchem Beruf du deinen Lebensunterhalt finanzierst, mit wem und womit du deine Zeit verbringst. Und es liegt bei dir, was du am Ende deines Lebens sagen kannst.

> **Das Leben vergeht so schnell und am Ende bist du diejenige, die mit den Entscheidungen leben muss.**

Es gibt immer wieder Situationen, in denen es einfacher ist, Verantwortung abzugeben, statt sie anzunehmen. Dann kannst du jemand anderem die Schuld dafür geben, wenn mal etwas nicht geklappt hat. Aber möchtest du das? Möchtest du deine Entscheidungen, dein Glück und deine Lebenszeit in die Hände anderer geben?

Mit der Übernahme der Eigenverantwortung gebe ich die Fremdbestimmung ab. Ich sage Nein zu allem, was andere Menschen für mich planen und plane mein eigenes Leben. Ich befreie mich davon, nach den Regeln anderer zu spielen und treffe meine eigenen Entscheidungen, trage aber auch die Konsequenzen dafür. Denn wie kann ein anderer Mensch wissen, was wirklich das Beste für mich ist? Wie kann ich in großen und kleinen Fragen anderen Menschen die Entscheidung dafür überlassen, obwohl ich mich selbst viel besser kenne und obwohl ich weiß, dass nur ich mit den Entscheidungen leben muss? Ich habe mich schon einige Male dabei erwischt, wie ich mich auf die Ratschläge anderer verlassen habe. Die Ratschläge waren allesamt gut gemeint, aber definitiv nicht nur das Beste für mich. Es war nicht das, was ich für mein Leben wollte.

Schon während meiner Teenagerzeit habe ich Texte für Unternehmen verfasst und von Zuhause aus über das Internet gearbeitet. Der Schritt in die Selbstständigkeit war ein weiterer Wunsch von mir, der sich an diesen Weg anknüpfen würde – aber es war auch ein gewagter Schritt. Ich befragte viele erfolgreiche Selbstständige nach ihrer Meinung. Meine Frage war immer dieselbe: „Würdest du mir empfehlen, mich selbstständig zu machen?" Die Antwort war ebenfalls jedes Mal dieselbe: ein klares Nein! Die Begründung dafür war, dass es in der heutigen Zeit schwieriger sei als damals. Die zahlreichen unbezahlten oder schlecht bezahlten Arbeitsstunden würden sich nicht lohnen – geschweige denn die Unsicherheit. „Und warum bist du dann selbstständig?", lautete meine Gegenfrage. Und damit löste ich oft einen Redefluss aus. Die Befragten begannen, über ihre Leidenschaft zu sprechen. Sie alle liebten und brannten für ihre Arbeit. Niemand unter ihnen hat die Selbstständigkeit je bereut.

Meine Entscheidung stand fest. Wer weiß, vielleicht möchte ich irgendwann in einem Angestelltenverhältnis arbeiten, aber nicht jetzt. Jetzt möchte ich meine ganze Energie in dieses Buch, meine eigenen Projekte und die Projekte meiner Kunden stecken. Ich lebe dafür und jeden Tag bin ich aufs Neue dankbar, wie viel ich dabei lernen darf – und am meisten über mich selbst. Und wenn es am Ende nicht klappen sollte, dann habe ich es wenigstens versucht und werde es nicht bereuen, es nicht versucht zu haben. Dann habe ich die Zeit, die ich auf dieser Welt verbracht habe, so gelebt, wie ich es mir gewünscht habe. Ich werde nicht bedauern, dass ich nicht meinen Träumen gefolgt bin. Auch wenn diese Selbstverantwortung mutige und auch mal schwierige Schritte von mir abverlangt, ich bin bereit dafür. Was dein Leben betrifft: Entscheide dich für das Leben, das dich in einen Redefluss versetzt, wenn du beginnst, davon zu erzählen. Du wirst dir Fehler eingestehen und mit Rückschlägen umzugehen lernen. Aber du wirst die Belohnung dafür ernten, deine Stärke und deine Wünsche gelebt oder es zumindest probiert zu haben. Mit Freiheit, Unabhängigkeit und dem Gefühl, dein Leben mit all seinen Facetten in vollen Zügen genossen zu haben. Deine Stärke und dein Potenzial werden dich auf diesem Weg jederzeit begleiten.

> **Dann habe ich die Zeit, die ich auf dieser Welt verbracht habe, so gelebt, wie ich es mir gewünscht habe. Ich werde nicht bedauern, dass ich nicht meinen Träumen gefolgt bin.**

EMPOWERED ACTION – Spüre deine Stärke
Ziel: Spüre deine innere Stärke und dein Potenzial.

Bei dieser Übung geht es darum, deine Stärke wahrzunehmen. Ich lade dich dazu ein, dir genau wie ich damals zwei Minuten Zeit für dich zu nehmen. Beginne damit, dir einen ungestörten Ort zu suchen. Mache es dir gemütlich und setze dich bequem hin. Lege dir ein Notizbuch, einen Zettel oder dein EMPOWERED ACTION-Journal parat und stelle dir nun einen Timer auf zwei Minuten. Schließe die Augen, atme ein paar Mal tief ein und aus und spüre für zwei Minuten in dich hinein: Was spürst du? Kannst du Ruhe, Klarheit und Entspannung wahrnehmen? Schreibe jetzt auf, was du in den letzten zwei Minuten wahrgenommen hast. Finde Begriffe, die dein Gefühl am besten beschreiben.

Jetzt, wo du deine Stärke bewusst wahrgenommen und beschrieben hast, wird es dir leichter fallen, sie auch im Alltag immer wieder zu erkennen. Du wirst sehen, dass sie dich jeden Tag begleitet.

Mache diese Übung, wann immer du dich mit dir selbst verbinden willst. Du kannst sie morgens direkt nach dem Aufstehen machen, im Bus, an der Supermarktkasse oder während deiner Mittagspause. Diese zwei Minuten helfen dir dabei, deine Gedanken zu unterbrechen und dich daran zu erinnern, wie viel Potenzial in dir steckt.

Ich selbst mache diese Übung sehr gerne in chaotischen und turbulenten Zeiten. Vor allem dann, wenn ich das Gefühl habe, dass ich keine zwei Minuten Zeit für diese Übung habe. In diesen Momenten ist es wichtig, dass ich sie mache, weil ich die Verbindung zu mir dann besonders brauche. Sie erinnert mich daran, was in mir steckt und wie sich Lebendigkeit anfühlt.

Ergebnis: Du kannst nun deine innere Stärke wahrnehmen und jederzeit dieses Gefühl aktivieren, wenn du es brauchst.

EMPOWERED ACTION – 3 Minuten Quickie

Klappe das Buch für einen Moment zu, begib dich an einen ruhigen Ort und stelle dir einen Timer für zwei Minuten. Wenn du keine Zeit hast oder dich schlecht konzentrieren kannst, fokussiere dich einfach nur für zwei Minuten auf deinen Herzschlag. Das hilft dir dabei, dich selbst, deine Stärke und deine Lebendigkeit Stück für Stück wahrzunehmen. Nutze die dritte Minute, um im Kopf zu benennen, wie sich dein Körper jetzt anfühlt und was du wahrnehmen konntest. Hat sich etwas verändert?

Deine Intuition

Zu wissen, wie stark du bist und wie viel endloses Potenzial gelebt werden will, ist der erste wichtige Schritt, um deinen Zielen näherzukommen. Denn nachdem du nun deine Stärke wahrgenommen hast, gilt es, sie für dich zu nutzen. Deine Intuition ist hierfür dein persönliches „Tool", um deinen Weg, deine Wünsche und Ziele zu erkennen und dein vorhandenes Potenzial zu leben. Damit findest du heraus, wo dein Weg hingehen soll und was „erfolgreich sein" für dich bedeuten kann, fernab von den Ablenkungen und Erwartungen von außen.

So oft verknüpfen wir bestimmte Stationen und Dinge mit einem erfolgreichen Leben – ohne uns zu fragen, ob diese Definition für ein erfolgreiches Leben auch auf uns zutrifft. Wir denken, wir machen alles richtig, wenn wir einen bestimmten Abschluss erreichen, einen bestimmten Beruf ausüben, heiraten, Kinder bekommen, ein Haus bauen und so weiter. Selten fragen wir uns, ob das wirklich unser Weg sein soll. Wir dürfen beginnen, mit unserer klassischen Vorstellung eines erfolgreichen Lebens aufzuräumen. Ein erfolgreiches Leben ist das, was du dir darunter vorstellst und nicht, was andere dir vorgeben. Im zweiten Schritt dürfen wir unsere Vorstellung vom „richtigen" Weg hinterfragen. In meinen Augen gibt es keine „richtigen" oder „falschen" Entscheidungen. Es gibt lediglich Entscheidungen; die Wertung verpassen wir ihnen. Wenn du eine Entscheidung triffst, kannst du nie wissen, ob sie richtig oder falsch war, weil du nie weißt, wie dein Weg mit einer anderen Entscheidung ausgegangen wäre. Keiner weiß, was dann passiert wäre. Statt also ständig darüber zu grübeln, was wäre, wenn ich mich anders entschieden hätte, sehe ich eine Entscheidung als einen weiteren Schritt auf meinem Weg. Denn selbst wenn ich nicht genau weiß, wie ich mich entscheiden soll, gehe ich lieber weiter meinen Weg, anstatt stehenzubleiben. Nachjustieren, mich umentscheiden und eine andere Abzweigung nehmen kann ich jederzeit. Herausfinden, ob meine Richtung die „richtige" ist, kann ich erst, wenn ich losgelaufen bin.

Genau hier kommt die Intuition ins Spiel, weil sie besser als andere weiß, wohin es für dich gehen kann und welche Entscheidungen dich deinem erfolgreichen Leben näherbringen. Im Gegensatz zu den Kopfentscheidungen lässt sich deine Intuition nicht beeinflussen. Die Intuition lässt sich nicht durch logische Argumente oder Diskussionen umstimmen, sie hält an deinem Weg fest, der dein Leben zu einem erfolgreichen Leben macht. Wichtig ist, dass du dich mutig für den Weg entscheidest, der zu der Frau passt, die du bist und die du sein möchtest.

> **Ein erfolgreiches Leben ist das, was du dir darunter vorstellst und nicht, was andere dir vorgeben.**

Dabei habe ich eine Erfahrung gemacht: Dieser intuitive Weg ist meistens der leichteste oder zumindest leichter als zuerst gedacht, aber nicht immer ohne Herausforderungen. Wenn du dich auf dem Weg befindest, der zu dir passt, scheint vieles wie von selbst zu laufen. Kennst du das auch? Das habe ich ganz besonders gespürt, als ich im Jahr 2016 meinen Blog gründete. Ich musste zwar einige Hürden nehmen (vielleicht kannst du dich noch an die nächtlichen E-Mails, Wordpress und die unzähligen Stunden damit erinnern), aber es fühlte sich nicht anstrengend oder mühsam an. Dabei habe ich nichts davon erzwungen, alles scheint sich einfach so ergeben zu haben. Ich durfte die Fashion Week und andere spannende Veranstaltungen besuchen, inspirierende Menschen interviewen, mich selbständig machen, mein Buch schreiben, einen Podcast, ein Female Empowerment-Magazin und eine inspirierende Online-Community für Frauen gründen. Ich durfte Vorträge und Workshops zu den Themen Personal Branding, persönliche Weiterentwicklung und dem eigenen *Warum* halten und habe meine eigenen Journals gelauncht. Die Ideen, Chancen und Möglichkeiten türmten sich nahezu. Ob immer alles einfach war? Bei weitem nicht! Ich glaube, dass ich diesen Weg nur so weit gehen konnte und nur so lange durchgehalten habe, weil es mir wirklich am Herzen lag. Es handelt sich um meinen Weg und um meine Wünsche, denen ich gefolgt bin. Ich bin dem Weg meiner Intuition gefolgt und habe das getan, was in meinen Augen ein erfolgreiches Leben ausmacht. Es ist nicht normal, jeden Abend müde, leer und uninspiriert ins Bett zu gehen und sich durch den Tag zu quälen. Das ist ein sicheres Anzeichen dafür, dass du dich nicht auf dei-

> **Wichtig ist, dass du dich mutig für den Weg entscheidest, der zu der Frau passt, die du bist und die du sein möchtest.**

nem Weg befindest. Denn dein Weg fühlt sich anders an – dein Weg ist abenteuerlich, inspirierend und erfüllend.

„You get what you focus on."

Die Stimme in dir – ein wertvolles Tool

Diese Stimme nennt sich Intuition. Viele Philosophinnen und Philosophen und auch verschiedene Wissenschaftler und Wissenschaftlerinnen haben sich mit dem Phänomen der Intuition beschäftigt. Einige sprechen von einem Prozess fernab der Kognition oder des Intellekts, aber es scheint sich um eine bestimmte Art der Intelligenz zu handeln. Beim Durchforsten der Schriften dazu wird klar, dass im Bereich der wissenschaftlichen Reflexion zur Intuition wenig klar ist – und das macht sie in meinen Augen umso spannender. So gut wie jeder kennt sie, aber kaum einer kann sie in Worte fassen oder erklären. Statt zu verleugnen, dass es sie gibt oder sie deswegen zu ignorieren, möchte ich den Fokus auf sie lenken. Im letzten Jahr durfte ich nämlich durch einige wundervolle Frauen lernen, wie wichtig und hilfreich sie ist, wenn es darum geht, ein erfolgreiches Leben zu führen.

Carl Gustav Jung, ein Schweizer Psychiater und Begründer der analytischen Psychologie hat die Intuition in seinem Werk „Psychologische Typen" sehr vereinfacht zusammengefasst und als eine Stimme in uns bezeichnet, die uns sagt, was wir tun oder nicht tun sollten. Er stellte die These auf, dass der Mensch sich mit vier Arten des Bewusstseins in der äußeren Welt orientiert.

> **Es ist nicht normal, jeden Abend müde, leer und uninspiriert ins Bett zu gehen und sich durch den Tag zu quälen. Das ist ein sicheres Anzeichen dafür, dass du dich nicht auf deinem Weg befindest.**

Dazu gehören das Denken, die Gefühle, die Sensation (also unsere fünf Sinne) und unsere Intuition, die uns Wahrnehmungen durch das Unterbewusste vermittelt. Alle vier psychologischen Funktionen helfen uns gleichermaßen dabei, uns in der Welt zurechtzufinden. Das Denken und Fühlen bewertet in „richtig" oder „falsch", in „angenehm" oder „unangenehm". Die Empfindung und die Intuition nehmen einfach wahr – ganz konkret, was da oder was möglich ist.

Dem Denken wird in unserer Gesellschaft wohl der höchste Stellenwert zugeschrieben, gefolgt von Gefühlen und Sinneswahrnehmungen. Aber die Intuition? Sie wird häufig außer Acht gelassen. Dabei besitzt jede und jeder eine verlässliche Intuition. Die Intuition meldet sich erstaunlich oft zu Wort, wenn man in sich hinein horcht, wie zum Beispiel mit der Zwei-Minuten-Übung oder vor wichtigen Entscheidungen. Viele von uns haben leider nur verlernt, dies zu tun und ihre Intuition wahrzunehmen. Warum ist das so? Wie bereits angedeutet wird zum einen in Schule, Universität und Beruf großen Wert auf das logische Denken gelegt und diese Fähigkeit „geschult". Die Intuition hingegen wird häufig vernachlässigt oder sogar negiert. Zum anderen, weil die Stimme der Intuition sehr leise ist. Die meisten Menschen nehmen sie kaum wahr und wenn, dann eher als ein leises Flüstern statt eines lauten Rufs. In einer lauten Welt im Außen und einer lauten Stimme im Kopf geht diese leise Stimme der Intuition oft unter. Dabei kann diese Stimme wesentlich zu einem nach deinen Vorstellungen erfolgreichen Leben beitragen.

Wie sich deine Intuition anfühlt und wie du sie erkennen kannst, zeigt ein kleines Experiment: Erinnere dich an eine Situation zurück, in der du gegen deine Intuition gehandelt hast. Wenn du möchtest, schreibe sie auf. Eigentlich wusstest du genau, dass dich deine Intuition warnt und dass die Entscheidung nicht gut enden wird. Dieses Wissen hast du trotz ungutem

Gefühl ignoriert und den logischen Argumenten den Vortritt gelassen. Später hast du deine Entscheidung bereut. Du hast es bereut, gegen dieses Gefühl in deinem Körper gehandelt zu haben, weil du bereits vorher sagen konntest, dass das der Fall sein wird. Welche Situation war das? Wie hat sich dein Körper angefühlt? Welche Signale hat er dir gegeben? Welche Situationen fallen dir ein? Erinnere dich auf der anderen Seite an eine Situation, die richtig gut ausgegangen ist, weil du deiner Intuition vertraut hast. Selbst wenn alle anderen dagegen gestimmt haben, hast du daran geglaubt, dass es gut wird – und hast recht behalten. Wie sah diese Situation aus und wie fühlte sie sich im Vorfeld für dich an?

Deine Intuition sagt dir hierzu häufig ganz genau, ob du auf dem richtigen Weg bist oder ob du lieber einen anderen Weg einschlagen solltest. Das zu erkennen, braucht Übung, die Offenheit und das Bewusstsein für deine Intuition.

Seitdem ich gesehen habe, wie ganz besondere Frauen, die in meinem Leben sehr wichtig geworden sind, die Intuition als Tool nutzen, wollte ich das auch. Ich wollte mein Leben genau wie sie leichter gestalten und mehr und mehr auf den Weg kommen, der mir und meinem Wunsch nach beruflichem und privatem Erfolg entspricht.

„Told you so."

Your intuition

Nein sagen darf gelernt sein

Dieses Gefühl: Eigentlich Nein sagen zu wollen und dennoch Ja zu sagen – kennst du das? Wir haben oft gelernt, dass es unhöflich ist, andere vor den Kopf zu stoßen. Dass es lobenswert ist, Aufgaben für andere zu übernehmen und es anderen recht zu machen. Das ist auch grundsätzlich nicht verkehrt. Aber wo bist du in dieser Rechnung? Irgendwann habe ich mich von der Idee verabschiedet, es allen recht machen zu wollen. Größtenteils egal, was andere von mir denken, wurde mir das in der Zeit meines Klinikaufenthaltes. In meiner Heimatstadt wurde viel über meine Familie und die Krankheit meines Vaters gesprochen. Manchmal haben uns Menschen in unpassenden Momenten auf unsere Situation und die familiären Sorgen und Veränderungen angesprochen, was die Sache nicht einfacher machte. Und so sehr ich mich darüber ärgerte, dass diese Menschen keine besseren Gesprächsthemen fanden und nur etwas zum Weitertratschen suchten, so sehr brauchte ich meine letzten Energiereserven für mich selbst und meine Genesung. Es ging um mich, meine Gesundheit und letztendlich um mein Leben. Wie viele Menschen schaffen es nie aus einer Magersucht heraus? Wie viele Menschen verpassen einen Großteil ihres Lebens, um es anderen recht zu machen? Wie viele Menschen spüren ihre Stärke, Wünsche und Träume eigentlich ganz genau, ignorieren sie aber und stellen sie hinten an? Selbst wenn du nicht in Worte fassen kannst, warum sich etwas gut oder nicht gut anfühlt, lohnt es sich, auf dieses Gefühl zu vertrauen.

Ich saß im Bus zu meiner damaligen Arbeitsstelle, wo mir bereits ein wichtiges Gespräch mit der Geschäftsleitung angekündigt war. Ich weiß noch, wie mir nur ein einziger Gedanke durch den Kopf ging: „Bitte kündigt mich." Was?! Welcher Mensch denkt das? Ganz zu schweigen davon, dass ich auch einfach selbst hätte kündigen können. Ich fuhr jedes Mal mit Bauchschmerzen zur Arbeit und wusste schon auf dem Weg dorthin, worum es in dem Gespräch mit dem Geschäftsführer und der Abteilungsleitung gehen würde. Die letzten Wochen meiner Anstellung waren nicht angenehm. Ich hatte die Stelle angenommen, weil mir meine Arbeitsaufgaben dort Spaß machten, aber sowohl einige der Mitarbeiter als auch die Abteilungsleitung haben dazu beigetragen, dass ich mich nicht wohl fühlte. Die Zusammenarbeit passte einfach nicht. Die Meetings, die Gespräche, die Begegnungen mit anderen Kolleginnen und Kollegen ... nichts davon fühlte sich noch richtig für mich an. Trotzdem ging ich hin. Warum? Warum tat ich mir das an? Weil alle logischen Argumente dafür sprachen. Außer meine Intuition. Und wer hätte das gedacht: Im Gespräch an diesem Tag wurde mir gekündigt. Ich hörte mir die lange Liste mit Fehlern an, die sich meine Vorgesetzte notiert hatte und nun vor mir und dem Firmeninhaber präsentierte. Wie im Film saß ich da, hörte mit halbem Ohr zu und betete, dass ich schnell gehen konnte. Während der Firmeninhaber immer wieder mit positiven Rückmeldungen zu mir und meiner Arbeit einsprang, war uns allen eines klar: Ich würde gehen. Und tatsächlich war ich darüber nicht besonders traurig, im Gegenteil. Ich hatte es mir sogar gewünscht und ich hatte es geahnt. Im ersten Moment fühlte ich mich niedergeschlagen. Gekündigt zu werden, ist sicher nie ein schönes Gefühl. Doch schon kurze Zeit später fühlte ich mich befreit – und weiß nun, dass ich mich beim nächsten Mal selbst befreien werde.

„You know the truth by the way it feels."

Wie macht sich meine Intuition bemerkbar?

Trotzdem bleibt nun die Frage: Wie macht sich meine Intuition bemerkbar und woher weiß ich, dass es sich nicht um Angst handelt? Wann sagt meine Intuition Nein und wann mein Kopf?

Deine Intuition kann in verschiedenen Formen auftreten. Im Buch „Put your intuition to work" von Linn A. Robison erfahren wir, in welchen Formen sich Intuition äußern kann. Wie du deine Intuition wahrnimmst, ist dabei ganz individuell und von Mensch zu Mensch verschieden.

1. Hören

Viele Menschen beschreiben ihre Intuition als leise Stimme. Allerdings unterscheidet sich diese Stimme von deiner alltäglichen Stimme im Kopf. Sie stammt aus dem Bauch heraus und ist eher wohlwollend als ermahnend. Eine Stimme, die nicht beurteilt, sondern dich in einer wertfreien Art und Weise adressiert.

2. Körper

Die Intuition kann sich außerdem als körperliche Regung äußern. Das kann zum Beispiel ein stärkeres Gefühl in der Bauchgegend sein, ein heißes oder kaltes Gefühl im Körper oder ein allgemeines Gefühl der Schwere und Enge oder der Leichtigkeit und Offenheit.

3. Gefühle

Der Körper transportiert intuitive Regungen häufig über unsere Gefühle. Zum Beispiel Gefühle der Erleichterung und des Enthusiasmus' oder beschwerende, fast depressive Gefühlszustände. Die Gefühle tauchen laut Lirn A. Robinson nicht einfach aus heiterem Himmel auf, sondern aus einem bestimmten, manchmal intuitiven Grund.

4. Bilder

Manche Menschen erhalten intuitive Regungen in Bildern. Diese Bilder können zum Beispiel vor deinem inneren Auge auftauchen oder entstehen, wenn du so wie ich damit beginnst, deine Wünsche aus freien Gedanken heraus aufzuzeichnen. Nicht zufällig entstanden dadurch bei mir sehr ähnliche Bilder, die immer wieder die gleichen Dinge abbildeten. Diese Bilder stellten meine Vorstellung von einem erfolgreichen Leben dar.

5. Aha-Erlebnis

Kennst du das Gefühl, wenn du plötzlich klar sehen kannst, was du vorher nicht sehen konntest? Diese Aha-Momente können ein klarer Blick auf die Intuition sein. Diese plötzliche Offenbarung bringt ein Gefühl der Klarheit mit sich. Sie taucht insbesondere dann auf, wenn du Dinge tust, für die du nicht deine volle und bewusste Konzentration benötigst, wie zum Beispiel duschen, Auto fahren oder joggen. Dann spürst du den deutlichen Unterschied zwischen bewusster Erkenntnis und unbewusster Tätigkeit besonders stark und hast Raum für ein „Aha".

6. Träume

Deine Träume können ebenfalls ein Indiz für deine intuitive Stimme sein. Ich selbst habe lange mit dem Gedanken gespielt, mir ein Tattoo stechen zu lassen. Immer wieder habe ich darüber nachgedacht und wusste nicht, ob es sich dabei um eine gute Idee für mich handelt. Als ich dann träumte, mir ein Tattoo gestochen zu haben, habe ich es noch im Traum bereut. Das Thema ist für mich seitdem durch und ich weiß, dass es für mich die richtige Entscheidung ist.

Diese Auflistung zu lesen, hat mir dabei geholfen, noch besser auf meine Intuition zu achten und meinen Weg zu finden. Wenn ich nicht weiter weiß oder vor einer vermeintlich schwierigen Entscheidung stehe, hilft mir diese Übersicht dabei, meinen Weg zu finden. Ich tue dieses Gefühl nicht mehr als irgendeine Gefühlsregung ab, sondern vertraue darauf. Selbst wenn das bedeutet, nicht erklären zu können, warum ich mich so entschieden habe und dabei auf Unverständnis stoße.

Worauf solltest du nun mehr vertrauen – auf vorhandene Zahlen, Daten und Fakten oder auf deine Intuition? Die Antwort liegt irgendwo dazwischen. Aus eigener Erfahrung kann ich allerdings sagen, dass der größte Erfolg meistens auf der Seite der Intuition liegt. Wer also nach mehr Zufriedenheit und Erfolg im Leben sucht, merkt bereits jetzt: Sie sind eher selten im Außen zu finden. Du findest sie nicht im Internet, nicht in Social Media-Postings und auch nicht zwingend auf dem Weg, den andere für dich geplant haben. Und ebenso wenig findest du sie auf dem Weg einer anderen Person. Sich mit anderen zu vergleichen, bringt deswegen nichts, weil sie ihren eigenen Weg gehen und dieser nicht dein Weg ist. Es ist der Weg, der andere zu mehr Erfolg und Zufriedenheit geführt hat, aber es ist nicht zwingend dein Weg dahin. Dir werden sicherlich noch tausende Menschen begegnen, die spannende Geschichten zu erzählen haben. Das ist aber kein Grund zur Verunsicherung oder zu Neid – im Gegenteil. Die Erfolgsgeschichten anderer sind die größte Inspiration, deinen eigenen Weg ebenfalls bedingungslos zu gehen.

> **Die Erfolgsgeschichten anderer sind die größte Inspiration, deinen eigenen Weg ebenfalls bedingungslos zu gehen.**

Frauen auf ihrem Weg

Frauen, die auf ihrem Weg ihre Intuition schulen und lernen, ihr zu vertrauen, sind in vielen Fällen sehr erfolgreich und gleichzeitig ziemlich glücklich und ausgeglichen. Das durfte ich erkennen, als ich diesen Frauen begegnet bin. Sie haben sich nicht von anderen beirren lassen. Heute sind sie Gründerinnen, Ärztinnen, Kreative, Künstlerinnen, Musikerinnen, Mütter und so viel mehr. Sie haben ihre Träume und Ziele verfolgt. Sie sind dem Weg gefolgt, der sie zu ihren ganz eigenen Erfolgen gebracht hat, die auf ihren Stärken beruhen.

Manchmal sind es kleine, fast unbedeutend scheinende Situationen, die dich auf deinen Weg bringen. Bei mir war es ein Buch, das mir auf meinen Weg verholfen hat. Es können aber auch Gespräche, Dokumentationen oder ähnliches sein, die dich tief berühren oder begeistern. Vielleicht hast du als Kind etwas besonders gerne gemacht oder erst später eine besondere Leidenschaft entwickelt. Achte auf solche Momente und begegne Neuem mit einem offenen Blick. Nutze auch andere spannende Menschen als Quelle, deine eigenen Wünsche zu erkennen. Denn selbst wenn jeder Mensch seinen ganz eigenen Weg geht, können dir andere Personen neue Möglichkeiten aufzeigen, was machbar und möglich ist. Die Ideen für meine Projekte zum Beispiel kommen oft nicht einfach so. Sie kommen von inspirierenden Menschen, Situationen und Dingen, die mir die Idee dazu geben oder ähnliches bereits umgesetzt haben. Ich habe diese Ideen auf meine eigene Art und Weise adaptiert und zwar so, dass sie zu mir und meinen Vorstellungen passen. Beispielsweise ist dieses Buch nicht das erste Buch zum Thema Female Empowerment, aber es das Buch, das ich mir wünsche und das aus mir heraus entstanden ist.

Für mich ist die Intuition eine Fähigkeit wie das Denken auch, die mir das Leben deutlich erleichtern kann. Es ist schon erstaunlich, wie präsent die Intuition wird, wenn man mit erfolgreichen Menschen spricht, die mit ihrem Leben zufrieden sind. Sie sind ihrer Stimme gefolgt, füllen ihren Tag mit den Dingen, die ihnen entsprechen und die sie zufriedenstellen. Und Zufriedenheit ist immer ein Indiz für ein erfolgreiches Leben nach den eigenen Vorstellungen. Sie alle nannten die Intuition als einen der wichtigsten Wegweiser auf ihrem Weg. Sie haben ihrer inneren Stimme vertraut und Dinge gemacht, an die vielleicht kein anderer geglaubt hat. Niemand würde in Frage stellen, unsere Fähigkeit des bewussten Denkens zu nutzen. Warum tun wir uns dann mit der Intuition so schwer? Ich glaube, dass vielen das Bewusstsein für diese leise Stimme und diese sanften Regungen im Körper fehlt. Wir dürfen uns von dem Gedanken verabschieden, unsere Entscheidungen rechtfertigen zu müssen. Wir dürfen dieser Stimme folgen, auch wenn keiner versteht, warum wir das tun. Jetzt gilt es, dein Bewusstsein dafür zu schärfen und der Intuition mehr Raum zu geben. Es kann etwas Übung brauchen, diese Stimme wahrzunehmen und ihr dann zu folgen. Und manchmal eine große Portion Mut. Aber vor allem wirst du dafür belohnt werden – mit einem Gefühl, richtig hier zu sein. Ein Gefühl der Zufriedenheit und des Erfolgs nach deinen eigenen Maßstäben.

„I've trusted the still, small voice of intuition my entire life. And the only time I've made mistakes is when I didn't listen."

Oprah Winfrey

EMPOWERED ACTION – Spüre deine Intuition

Ziel: Definiere Erfolg nach deinen eigenen Vorstellungen und nutze deine Intuition als Leitfaden.

In dieser Übung geht es darum, dass du erkennst, wie du deine Intuition erfahren kannst und was Erfolg beziehungsweise ein erfolgreiches Leben für dich bedeutet. Ich selbst bin immer noch nicht besonders gut darin, meine Intuition wahrzunehmen, nehme mir aber ein Beispiel an den Frauen, die mich dem Thema nähergebracht haben. Sie schulen ihre Intuition täglich und das Wichtigste: Sie haben den Mut, ihr zu folgen, selbst wenn es sich dabei um große Schritte handelt. Von ihnen habe ich gelernt, meine Intuition zu nutzen, um mir wichtige Fragen zu stellen.

Mit den folgenden Fragen kannst du deine intuitiven Antworten kennenlernen, um zu erfahren, was ein erfolgreiches Leben für dich ausmacht. Nimm dir jetzt dazu einen Stift und dein Journal zur Hand und beantworte ganz intuitiv und spontan mindestens drei der unten stehenden Fragen. Höre hier auf dein Herz und deinen Bauch, weniger auf deinen Kopf.

• Was bedeutet Erfolg für mich persönlich?

• Worauf möchte ich am Ende meines Lebens zurückgeblickt haben?

• Kann ich morgen von uns gehen und mit einem Lächeln diesen Ort verlassen? Wenn nein, was müsste passieren, damit sich das ändert?

- Bin ich glücklich? Wenn nein, warum?

- Für wen und warum habe ich einen Unterschied gemacht?

Lasse dabei jeden Gedanken, jedes Gefühl und jedes Detail zu und schreibe sie nun auf. Wenn sich währenddessen bereits die ersten Einwände einschleichen wollen, streiche sie erst einmal. Hier geht es darum, den Enthusiasmus und das wohlige Gefühl der Intuition und deine Wünsche nicht zu früh zu stoppen. Bleibe eine Weile im Träumer-Modus und schalte die innere Kritkerin auf stumm. Die Einwände werden erst später bei der tatsächlichen Umsetzung wichtig. Diese EMPOWERED ACTION kannst du so oft wiederholen, wie du magst, zum Beispiel jede Woche oder einmal im Monat. Insbesondere die sich wiederholenden Bilder und Gedanken sind ein Indiz dafür, dass es sich dabei um einen Wunsch handelt, der dir besonders wichtig ist und dir entspricht.

Es geht darum, dass du dir so Schritt für Schritt ein Bild davon machst, wie du dir dein erfolgreiches Leben vorstellst, und zwar intuitiv, nicht strategisch oder konform nach Regeln von außen. Je öfter du deine Intuition wahrnimmst, desto mehr kannst du darauf vertrauen, dass es sich dabei um deine eigene Stimme handelt. Beginne, deiner Intuition Platz in deinem Leben einzuräumen und beobachte, was dann passiert. Der folgende 3 Minuten Quickie hilft dir dabei, deine Intuition auch ganz konkret und körperlich zu spüren.

> **Je öfter du deine Intuition wahrnimmst, desto mehr kannst du darauf vertrauen, dass es sich dabei um deine eigene Stimme handelt.**

EMPOWERED ACTION – 3 Minuten Quickie

Um direkt zu starten und zu erfahren, wie sich deine Intuition ganz persönlich für dich anfühlt, kannst du dir zwei Situationen vorstellen und sie erspüren: Erinnere dich jetzt an eine Situation zurück, in der du dich vollkommen glücklich und in deiner Mitte gefühlt hast und in der sich dein Leben richtig angefühlt hat. Wie fühlt sich dieses „Richtig" an? Schließe kurz deine Augen und stelle dir jetzt diese Situation vor. Ja, jetzt. Es dauert nur einige Sekunden. Auf der anderen Seite darfst du dich an eine Situation zurückerinnern, in der du dich unwohl und fehl am Platz gefühlt hast. Wie fühlt sich dieses Gefühl in deinem Körper an? Welche Signale sendet dir dein Körper? Auch wenn es sich nicht gut anfühlt, stelle sie dir ebenfalls genau jetzt vor. Worin liegt der Unterschied? Wie hat sich dein Körper während der zwei unterschiedlichen Erinnerungen verändert? Was du gefühlt hast, ist deine Intuition, die dir einen Hinweis darauf gibt, was gut oder eben nicht gut für dich ist.

Ergebnis: Du weißt nun, wie sich deine Intuition anfühlt und hast geübt, wie du sowohl bessere Entscheidungen treffen, als auch die Frage nach einem erfolgreichen Leben für dich beantworten kannst.

Dein Warum

Um dein *Warum* zu erkennen, ist es wichtig, deine Intuition bereits wahrgenommen zu haben. Bevor du also in diesem Kapitel weiterliest, führe dir noch einmal die EMPOWERED ACTION aus dem letzten Kapitel vor Augen. Für den weiteren Verlauf des Buches ist es hilfreich zu wissen, wie sich deine Intuition im Körper anfühlt und wie sie dir Anzeichen dafür gibt, ob du auf dem richtigen Weg bist oder nicht. Außerdem solltest du zum Fortfahren ein ganz konkretes, ausformuliertes Bild davon haben, was Erfolg für dich ganz persönlich bedeutet und wie ein erfolgreiches Leben in deinen Augen aussieht. Das müssen nicht viele Sätze sein, aber sie sollten deine eigenen Vorstellungen von Erfolg widerspiegeln. Falls du die EMPOWERED ACTION aus dem letzten Kapitel noch nicht gemacht hast, mache sie jetzt. Wenn du nun weißt, wie deine Intuition mit dir kommuniziert und wie ein erfolgreiches Leben nach deinen Vorstellungen aussieht, bist du bereit für dein *Warum*.

Warum stellen wir uns die Frage nach dem *Warum*? Warum wollen wir den Sinn unserer Tätigkeiten so genau erfassen? Was macht das *Warum* für einen Unterschied in unserem Leben? Dein *Warum* ist dein Antrieb und deine Superkraft. Dein Antrieb, Hürden zu nehmen, motiviert zu bleiben und keine Ausreden mehr gelten zu lassen. Dein *Warum* beschreibt den Grund, warum du etwas aus deinem Herzen heraus tust. Das *Warum* verleiht deinen Tätigkeiten Sinn und Tiefe – es verrät dir, warum du hier bist und wofür du die ganze Arbeit in Kauf nimmst. Es lässt dich weitermachen und kreativ werden – selbst wenn der Weg zu deinem Ziel nicht immer einfach ist. Menschen, die es schaffen, ihre Handlungen, Tätigkeiten und Entscheidungen mit ihrem *Warum* und ihren Werten in Einklang zu bringen, führen meistens ein nach ihrem Empfinden sehr erfolgreiches und sinnhaftes Leben. Dein Leben und deine Tätigkeit können sich mit deinem *Warum* nicht mehr leer und uninspiriert anfühlen, sondern reich an Inspiration, Tiefe, Bedeutung und Lebensfreude. Viele Menschen streben nach genau diesem tieferen Sinn und mehr Bedeutung in ihrem Leben. Statt lediglich morgens aufzuwachen, sich acht Stunden durch einen „sinnlosen" Job zu quälen und abends völlig erschöpft vor einer Serie einzuschlafen, möchten wir dem Tag und den Tätigkeiten mehr Bedeutung geben. Das *Warum* ist die Tiefe und die Bedeutung, die dein Leben erfüllt und zu deinen Werten und Vorstellungen passt. Wenn deine Handlungen und Tätigkeiten im Einklang mit dir und deinem *Warum* sind, bringst du automatisch Erfolg in dein Leben.

Statt lediglich morgens aufzuwachen, sich acht Stunden durch einen „sinnlosen" Job zu quälen und abends völlig erschöpft vor einer Serie einzuschlafen, möchten wir dem Tag und den Tätigkeiten mehr Bedeutung geben.

Wie genau deine Handlungen und Tätigkeiten aussehen und auf welche Art du dein *Warum* lebst, ist dabei untergeordnet. Denn es gibt viele Möglichkeiten, dein *Warum* in deinem Leben zu verankern und zum Ausdruck zu bringen. Ein Beruf und eine Freizeitbeschäftigung, die sich nicht weiter erfüllend und sinnvoll anfühlen, führen dazu, dass wir unzufrieden werden, genervt und ausgelaugt. Die meisten von uns möchten stattdessen etwas bewegen, andere berühren und sich selbst berührt fühlen.

So war es auch bei mir. Als ich für mich erkannt habe, dass ich Menschen dazu ermutigen möchte, ihr Leben selbst in die Hand zu nehmen und dem zu folgen, was bereits da ist, hat sich jeder Tag mit Bedeutung gefüllt. Sobald ich das Buch „#Girlboss" gelesen und meinen eigenen Blog begonnen hatte, fühlte ich mich besser und besser. Ich hatte wieder Freude daran, Neues zu lernen und das Gefühl, dass ich wirklich etwas bewegen kann, auch wenn es nur sehr kleine Veränderungen waren. Mit jedem Leser und jeder Leserin meiner Artikel wusste ich, dass ich jemand anderen gerade vielleicht ein kleines bisschen dazu inspirieren konnte, etwas zu tun, das auch sie oder ihn erfüllt. Angetrieben von meinem *Warum*, insbesondere Frauen dazu zu ermutigen, ihr Leben in die Hand zu nehmen und andere dabei zu unterstützen, das Gleiche zu tun, stelle ich mir eine Welt vor, in der wir gemeinsam Großes bewirken können. Etwas, das größer ist als wir selbst, nämlich eine Gesellschaft, in der Unterstützung, Chancen und Zusammenhalt unabhängig von Faktoren wie dem Geschlecht selbstverständlich sind. Eine Gesellschaft, in der jeder Mensch mitsamt seinen Stärken und Schwächen, Erfahrungen und Ideen willkommen geheißen und einbezogen wird – weil unser Potenzial nicht im Einzelnen, sondern in der Summe aller liegt.

Haben alle Menschen ein *Warum*? Dein *Warum* ist wie auch deine Stärke, deine Intuition und deine Werte eine höchst individuelle Angelegenheit. Nach meiner Auffassung besitzt jeder ein *Warum,* genau wie jeder Mensch gewisse Werte vertritt. Die Angst, kein *Warum* zu haben, ist deswegen unbegründet. Die meisten von uns haben ihr *Warum* lediglich noch nicht vollständig wahrgenommen, ausformuliert oder sich näher damit beschäftigt. Hier tut sich eine zweite Parallele zwischen der Stärke, der Intuition und dem *Warum* auf: Es benötigt einen scharfen Blick und das Vertrauen, dass richtig ist, was sich zeigt. Du musst also deinem *Warum* nichts mehr hinzufügen oder es künstlich in dein Leben ziehen. Es ist bereits da, du darfst es nur noch freilegen und mit den richtigen Tätigkeiten nähren. Das bedeutet nicht zwingend, das Leben völlig auf den Kopf zu stellen und alles anders zu machen als vorher. Es kann damit beginnen, dich zu fragen, warum du mit einer Tätigkeit oder einem Beruf begonnen hast. War es lediglich des Geldes wegen? Manchmal lautet die Antwort: Ja. Jede von uns muss Geld und ihren Lebensunterhalt verdienen. War es vielleicht auch das Geld, das dir dann die Möglichkeit gegeben hat, deine damit gewonnene Freiheit, Einfluss und Möglichkeiten für andere Dinge zu nutzen, die dir wirklich wichtig sind? Oder gab es andere Aspekte, die dich begeistert haben? Vielleicht hat dich an der Arbeit selbst etwas begeistert oder berührt. Vielleicht vertritt das Unternehmen Werte, die auch deine sind oder bietet Dienstleistungen oder Produkte an, von denen zu zutiefst überzeugt bist. Was für Geld gilt, gilt ebenso für deine Zeit. Die Art und Weise, wie du deine Zeit einsetzt, kann dir einiges über dein *Warum* verraten. Vor allem dann, wenn es sich um Tätigkeiten handelt, nach denen du mehr Energie und Zufriedenheit fühlst. Tätigkeiten, die dir guttun und dich beflügeln – und einen Einfluss auf das Leben anderer haben. Ein prominentes Beispiel einer Person, die nun ihr *Warum* lebt, ist Michelle Obama. Nachdem sie jahrelang an der Seite ihres Mannes als First Lady der USA im Weißen Haus gearbeitet hat, setzte sie sich parallel immer für die Rechte von People of color und von Frauen ein. Schon während, aber besonders nach ihrer Amtszeit, hat sie ihre Macht, ihren Einfluss und ihre finanziellen Mittel genutzt, sich für die Themen einzusetzen, die ihr wichtig sind. In welchem Umfang und für welches Thema sich jemand einsetzt, spielt dabei übrigens überhaupt keine Rolle. Es ist die Vorstellung von einer anderen, in unseren Augen besseren Welt, die uns antreibt. Eine Vorstellung von einer Welt, die ein bisschen mehr unseren Idealen entspricht. Michelle Obama beschrieb in ihrer Biographie „Becoming", wie wichtig ihr Bildung, Chancengleichheit und Gerechtigkeit ihr ganzes Leben lang gewesen waren. Sie weiß, wie viele zusätzliche Stolpersteine sie insbesondere als Woman of color überwinden musste, um an gleiche Positionen zu rücken wie es privilegiertere Bevölkerungsgruppen bereits konnten. Das hat ihr den Antrieb gegeben, sich neben ihrem Buch und ihrer Dokumentation an zahlreichen Projekten zu beteiligen, sich für mehr Bewusstsein und Chancengleichheit einzusetzen und ihre Bekanntheit für mehr Reichweite dieser Botschaft zu nutzen. Sie beschrieb im Buch auch die Leere nach der Zeit im Weißen Haus. Sie wusste zunächst nicht, was sie mit all den Eindrücken und dem gleichzeitigen Gefühl, vor dem Nichts zu stehen, tun sollte und wie leer sie sich fühlte. Aber sie hielt an ihren Ideen fest und lebt weiterhin nach ihrem *Warum* und in Einklang mit ihren Werten. Nicht mehr als First Lady, aber als Michelle Obama, die sich für das einsetzt, was ihr Herz bewegt und die ihre Bekanntheit und ihren Einfluss nutzt, um diesen Themen mehr Aufmerksamkeit zu verschaffen. Sie strebt eine Veränderung an, die ihr wichtig ist und die sie erreichen möchte.

Ein weiteres Beispiel: Die Hawaiianische Surferin Bethany Hamilton stand bereits mit fünf Jahren auf dem Surfbrett und gewann ihren ersten Wettbewerb für sich. Im Jahr 2003, als sie 13 Jahre alt war, geschah etwas, mit dem keiner gerechnet hätte. Bei einem Angriff eines Tigerhais verlor sie ihren linken Arm. Nach einem solchen Ereignis würden die wenigsten Menschen auf das Surfbrett zurücksteigen. Bethany hinderte es aber nicht daran. Im Gegenteil: Sie beschloss, anderen mit ihrer Geschichte Mut zu machen. Sie trainierte härter als jemals zuvor, brachte sich das Surfen mit nur einem Arm selbst bei und nahm wieder an Wettkämpfen teil. Später bekam sie ein Baby und stand auch hier bereits kurz nach der Geburt wieder auf dem Brett. Es schien, als würde sich Bethany Hamilton von nichts abhalten lassen. Die Frage, die sich andere stellten: Warum tut sie das alles? Woher nimmt sie diese ungeheure Kraft, unzählige Stunden zu trainieren, ihren Körper zu stählen und niemals aufzugeben – und das alles trotz ihres verlorenen Armes und ihres neugeborenen Babys? Trotz oder gerade wegen dieser Umstände wurde ihr *Warum* immer deutlicher. Die Wellen waren ihr Zuhause, ihr Antrieb und ihr Leben. Sie hat einfach nicht akzeptiert, dass scheinbar schwierige Umstände dieses Leben verhinderten. Sie hat diese Umstände beim Schopf gepackt, sie in ihr Leben integriert und zeitgleich eine Mission entwickelt. Als die ersten Medien im Alter von 13 Jahren auf sie zukamen, erhielten sie und ihre Geschichte immer mehr Aufmerksamkeit. Diese nutzte sie, um auch anderen Mut zu machen. Um zu zeigen, wie jeder noch so harte Schicksalsschlag kein Zeichen dafür ist, dass du schwach bist, sondern eine Chance, dass du über dich hinauswachsen darfst. Bethany Hamilton hat ihr Leben aktiv angenommen und es so gelebt, wie sie es für richtig hält. Sie hat sich von niemandem einreden lassen, dass etwas nicht geht, und dafür jeden Tag an sich gearbeitet. Es war mit großer Sicherheit für sie nicht immer leicht. Aber es hat sich gelohnt – für sie selbst und für alle anderen Menschen, die sie mit ihrer außergewöhnlichen Geschichte inspirieren konnte. Umfang und Tätigkeit spielen bei deinem *Warum* übrigens keine allzu große Rolle. Die Motive und Ideale können völlig unterschiedlich aussehen. Sie können dein gesamtes Leben einnehmen, dein Hauptjob sein oder auch ein Nebenprojekt, dem du ein paar Stunden pro Woche deine Zeit widmest.

Die Tätigkeiten deines *Warum* hören nicht bei dir auf – dein echtes *Warum* geht über dein eigenes Leben hinaus. Aus diesem Grund zählt das Geldverdienen nicht zur Kategorie deines *Warum*. Geld verdienen ist lediglich ein Mittel, mit dem du dein größeres *Warum* schneller und einfacher erreichen kannst. Aber es ist nicht der Sinn deiner Existenz. Nehmen wir an, du hältst Geld verdienen für dein *Warum*. Du arbeitest, sammelst Geld an – und dann? Was möchtest du mit diesem Geld machen? Dein *Warum* kommt dann ins Spiel, wenn du etwas Bestimmtes mit diesem Geld bezweckst, das deinem eigenen und dem Leben anderer dient. Unsere Gesellschaftsform und -struktur fördern nicht zwingend den Umstand, dass wir in Kontakt mit unserem *Warum* kommen und bleiben. Sie setzen darauf, uns beizubringen, dass wir funktionieren. Aber nicht, wie wir herausfinden und leben, was uns berührt. Lange habe ich Menschen beobachtet, die ihr *Warum* leben, um herauszufinden, was sie anders machen. Ich wollte wissen, was ihrem Leben Tiefe und Bedeutung gibt. In vielen Fällen fanden sie ihre Leidenschaft und ihr *Warum* scheinbar zufällig – aber dem war meistens nicht so. Sie sind dem Weg gefolgt, der sich für sie richtig angefühlt hat. Sie haben sich ausprobiert, auf ihre Intuition vertraut und haben die Chancen ergriffen, die sich auf dem Weg dahin ergeben haben. Oder sie haben Möglichkeiten geschaffen, Dinge zu tun, die sie antreiben.

„Go where you feel the most alive."

Wie mich meine Lieblingsautorinnen zu meinem Warum inspirierten

Mein *Warum* ist es, Frauen zu ermutigen, ihre Stärke zu erkennen, den Mut zu haben, sie zu leben und anderen dabei zu helfen, das Gleiche zu tun – damit jede Frau ein Leben nach ihren Vorstellungen lebt und gemeinsam mit anderen diesen Weg geht. Ich wünsche mir nämlich, dass Frauen langfristig zu einer großen Community werden, die sich gegenseitig den Rücken stärkt, offen über Probleme spricht und *frau* sich gehört und verstanden fühlt. Denn was daraus entstehen kann, ist größer als wir selbst: relevante Projekte, die von Frauen angetrieben werden und einen Unterschied in der Welt machen. Diesen Wunsch und dieses *Warum* habe ich erkannt, als ich das Buch „#Girlboss" gelesen habe und daraufhin auch auf andere Autorinnen gestoßen bin, die mich mit ihren Botschaften tief berührt haben. Dazu zählen beispielsweise Cara Alwill Leyba mit ihrem Buch „Girl Code" und Glennon Doyle mit „Untamed". Ich habe diese Bücher gelesen und mich verstanden gefühlt. Ich hatte Tränen in den Augen, musste lachen, habe sie mehrmals gelesen und auch als Hörbuch gehört – ich konnte einfach nicht genug davon bekommen. Ich habe jeden Content der Autorinnen aufgesogen, jede Podcastfolge gehört und mich in jeder freien Sekunde mit ihnen beschäftigt. Die Gemeinsamkeit, die sich zwischen ihnen her-auskristallisierte, bestand darin, dass alle Autorinnen für Frauen schrieben und sie auf verschiedene Art und Weise darin bestärk-ten, ihren eigenen Weg zu gehen. Obwohl ich selbst viel lese und schreibe, waren es erst ihre Bücher und meine starken Gefühle beim Lesen, die mich meinem *Warum* nähergebracht haben. Et-was später kamen dann noch großartige Frauen hinzu, die ich durch meine Selbstständigkeit kennenlernen und mit denen ich zusammenarbeiten durfte und darf. Sie haben nicht nur bereits vorgelebt, was ich mir für alle Frauen wünsche – nämlich, dass sie ihren Weg unbeirrt gehen. Sie haben mich auch darin ermu-tigt, weiterzumachen.

„The first thing you have to know is yourself."

Wie finde ich mein Warum?

Bevor ich dir ein paar ganz konkrete Hinweise für dein *Warum* gebe, möchte ich einige Irrtümer aufklären. Es passiert eher sel-ten, dass du aufwachst und plötzlich kennst du dein *Warum*. Die Menschen, die ihr *Warum* gefunden haben, sind stattdessen häu-fig interessierte Menschen, die ihrer Intuition vertraut haben und sich den Themen hingeben, die sie wirklich begeistern. Das kann ein Prozess sein. Ich selbst habe beispielsweise das Buch „#Girl-boss" bereits mit 14 Jahren gelesen. Zwar war ich begeistert, aber ich habe nichts weiter mit dieser Begeisterung gemacht. Erst als ich ihr mit Anfang 20 nachgegangen bin, konnten mein *Warum* und eine Tätigkeit daraus wachsen. Ich durfte mein *Warum* nach und nach für mich erkennen. Das bedeutet für dich: Das Finden deines *Warum* ist oft ein Prozess und ein Sich-bewusstmachen. Es ist mit viel Feingefühl und genauem Hinsehen verbunden, also gib nicht zu früh auf. Es bedeutet, dort hinzuschauen, wo es dich am meisten hinzieht und schlussendlich herauszufinden, wo du Parallelen zwischen wichtigen Ereignissen in deinem Leben siehst und was dahintersteckt.

In Bezug auf dein *Warum* tritt immer wieder auch ein zweiter Irrtum auf: Dass dein *Warum* automatisch auch das ist, was du tust. Dein *Warum* ist keine Tätigkeit. Dein *Warum* steckt hinter deiner Tätigkeit und ist der Antrieb dafür. Es ist der Motor, der dich weitermachen lässt, auch wenn es mal steinig und schwer wird. Immer wieder habe ich Beispielsätze des eigenen *Warum* gehört, die die Tätigkeit in den Fokus rücken. Sätze wie: „Mein *Warum* ist, Menschen zu helfen, mehr Kunden und Kundinnen zu gewinnen." beschreiben nicht dein *Warum*. Der Einfluss, den diese Tätigkeit auf dein und das Leben anderer hat, ist es. Es sind die dahinterliegenden, abstrakteren Werte, die dein *Warum* ausmachen. In diesem Fall würde die Frage lauten, welchen Einfluss die Akquirierung von Kundschaft auf das Leben anderer hat. Also zum Beispiel: „Mein *Warum* ist es, Menschen zu helfen, mehr Kundinnen und Kunden zu gewinnen, damit sie die Freiheit gewinnen, sich ein Leben und ein Business nach ihren Vorstellungen aufbauen und ihr volles Potenzial ausschöpfen zu können." Das ist auch der Grund, warum du verschiedene Tätigkeiten ausführen kannst und dich von allen gleichermaßen beflügelt fühlen kannst. Mit hoher Wahrscheinlichkeit ergeben sie alle ein großes Bild und sind durch deine Wünsche und Ideale vereint. Das bedeutet, dass das Wie in den Hintergrund tritt. Denn du kannst auf viele verschiedene Weisen Menschen beibringen, mehr Kunden zu gewinnen.

Jetzt habe ich erläutert, wie die meisten Menschen ihr *Warum* nicht finden. Kommen wir nun dazu, wie du es findest. Es sind oft die kleinen Nuancen, in denen sich dein *Warum* bemerkbar macht. Aus diesem Grund war es mir so wichtig, deine Stärke und deine Intuition voranzustellen. Denn wenn du bereits für beides sensibilisiert bist, wird es dir leichter fallen, auch dein *Warum* wahrzunehmen. Denn auch hier ist es in den meisten Fällen keine laute Stimme oder Eingebung, die dich aufschrecken lässt, sondern es sind oft kleine körperliche Regungen und Emotionen, auf die du achten darfst.

Gehe noch einmal deine Notizen zur EMPOWERED ACTION des letzten Kapitels durch. Denn hier ging es darum, herauszufinden, was dich berührt und begeistert. Halte aber auch im Alltag nach Situationen Ausschau, in denen du dich gut, selbstbewusst, inspiriert und stark fühlst. Achte darauf, wer und was dich umgibt, was du tust, und wo du dich befindest. Jedes Detail kann eine Rolle spielen und wichtig sein, wenn du dein *Warum* finden möchtest. Beobachte, wann dein Interesse und deine Neugier geweckt werden, wann dein Herz Sprünge macht und wann deine Augen zu leuchten beginnen. Es kann aber auch sein, dass du von deinen Freunden, deiner Familie und vielleicht sogar von entfernten Freunden und Bekannten immer wieder zu einem bestimmten Thema befragt wirst. Das heißt nicht automatisch, dass darin deine Leidenschaft oder dein *Warum* liegt, aber es könnte Hinweise darauf geben, was dich erfüllt und was dir wichtig ist. Welche Tätigkeiten gehen dir leicht vor der Hand und was übernimmst du gerne freiwillig für andere? Blicke auch auf deine Erfahrungen als Kind zurück. Überlege dir, was dich damals tierisch gefreut oder wahnsinnig aufgeregt hast. Befrage dazu zum Beispiel auch deine Familienmitglieder, sie können sich manchmal an Dinge erinnern, die du längst vergessen hast. Bei welchen Projekten bist du mit Herzblut und engagiert bei der Sache, auch wenn kein Geld davon abhängt? Sammle alle Erlebnisse und Situationen, die dir in den Sinn kommen. Der Alltag ist eine nahezu unerschöpfliche Quelle für dein *Warum*, genau wie der Blick nach innen. Andere Menschen können eine große Rolle bei deinem *Warum* spielen. Allzu oft sind es andere Menschen, die uns auf bestimmte Ideen bringen, uns inspirieren oder zu unseren Vorbildern werden. Wirf einen genauen Blick auf deine offiziellen und inoffiziellen Mentorinnen und Menschen, die dich faszinieren. Beobachte, wie sie sich verhalten, über welche Themen sie sprechen und was sie in der Welt und in deinem Leben bewegen. Stelle dir die Frage, was genau du an ihnen bewunderst. Das Gleiche kannst du auch bei Menschen tun, die du überhaupt nicht magst. Auch sie können dir einen Hinweis darauf geben, welche Werte dir wichtig sind und was dein *Warum* ist. Menschen, die du nicht magst, stellen immer eine Art Lehrer dar, die dir viel über dich selbst verraten. Hinzu kommen Bilder und Musik, die dich in besonderer Weise ansprechen.

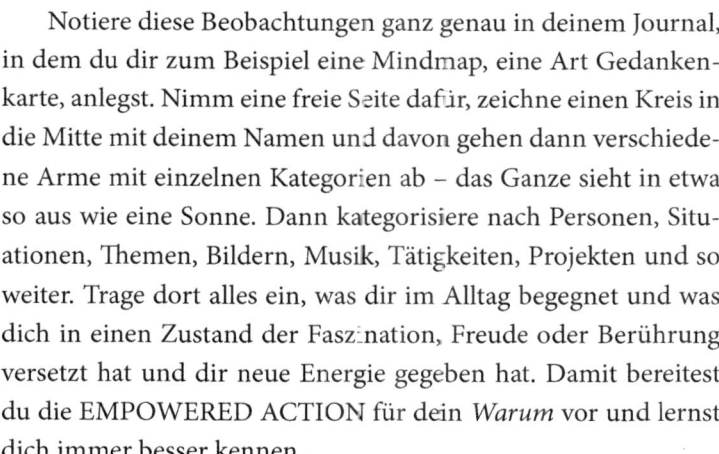

Notiere diese Beobachtungen ganz genau in deinem Journal, in dem du dir zum Beispiel eine Mindmap, eine Art Gedankenkarte, anlegst. Nimm eine freie Seite dafür, zeichne einen Kreis in die Mitte mit deinem Namen und davon gehen dann verschiedene Arme mit einzelnen Kategorien ab – das Ganze sieht in etwa so aus wie eine Sonne. Dann kategorisiere nach Personen, Situationen, Themen, Bildern, Musik, Tätigkeiten, Projekten und so weiter. Trage dort alles ein, was dir im Alltag begegnet und was dich in einen Zustand der Faszination, Freude oder Berührung versetzt hat und dir neue Energie gegeben hat. Damit bereitest du die EMPOWERED ACTION für dein *Warum* vor und lernst dich immer besser kennen.

Du und dein Warum

Je mehr du für dich erkannt hast, was dich im Leben wirklich berührt, desto mehr Tiefe, Bedeutung und Freude wirst du spüren. Das bedeutet nicht gleich, dass du von heute auf morgen deinen Job hinschmeißen und ein völlig neues Leben beginnen musst. Du kannst mit kleinen Veränderungen beginnen, die dein *War-*

um untermauern und füttern. Mache dir zunächst immer mehr bewusst, wie dein *Warum* aussieht und vertraue darauf, dass auch du ein *Warum* hast. Du musst es lediglich freilegen und eine klare Sicht darauf bekommen, wenn es dir zu diesem Zeitpunkt noch nicht bewusst ist. Dein *Warum* soll nicht der nächste Stressfaktor in deinem Leben werden. Es ist nicht das nächste Ding auf deiner To-Do-Liste, das du schnellstmöglich abhaken musst. Es muss nicht die nächste Sache sein, der du hinterherrennen und die du sofort für dich herausfinden musst. Betrachte es eher als einen Prozess, der dich und dein Leben begleitet, es spannend macht und vielleicht sogar eine Veränderung mit sich bringt. Nimm deine Intuition, deine Wahrnehmung und deine Beobachtungen zu Hilfe, dein *Warum* zu entdecken und mehr Klarheit zu gewinnen. Gehe wachsam durch dein Leben, begegne Menschen mit offenen Augen und Ohren und nimm auch deine körperlichen Regungen und Emotionen wahr. Wenn sich etwas in Einklang mit deinen Werten und deinem *Warum* befindet, wirst du es spüren.

„When your why is clear, the how is easy."

EMPOWERED ACTION – Finde dein *Warum*
Ziel: (Er)kenne dein *Warum* und lebe danach

Sicherlich hast du dir beim Lesen dieses Kapitels schon einige Gedanken gemacht und dich an Situationen, Dinge oder Personen erinnert, die dich zutiefst fasziniert haben. Nimm dir jetzt dein Journal zur Hand und schreibe noch einmal zwischen fünf und zehn Situationen auf, die dich sehr bewegt haben oder die großen Einfluss auf dein Leben hatten. Schreibe die Situation zwar kurz und knapp, aber dennoch so detailreich auf, dass eine fremde Person verstehen kann, was passiert ist. Versuche, herauszufinden, warum dich diese Situationen so bewegt haben. Betrachte im Anschluss deine Liste mit Situationen und überlege, ob es bestimmte Werte oder Gegebenheiten gibt, die diese Situationen gemeinsam haben. Um das herauszufinden, brauchst du keine großen analytischen Fähigkeiten. Es ist völlig ausreichend, wenn du deine ersten Ideen dazu sammelst und notierst, was dir als erstes in den Sinn kommt. Mögliche Werte aus den einzelnen Situationen können sein: Freude, Abenteuer, Freundlichkeit, Ehrlichkeit, Harmonie, Hingabe, Akzeptanz, Toleranz, Verlässlichkeit, Verantwortung, Empathie, Disziplin, Dankbarkeit, Offenheit, Zielstrebigkeit, Zuneigung, Zuversicht, Ruhe, Großzügigkeit, Gerechtigkeit, Freiheit, Zuversichtlichkeit, Wachsamkeit, Würde, Effizienz, Treue, Transparenz, Mut, Leidenschaft, Kreativität, Beharrlichkeit, Besonnenheit, Interesse, Aufmerksamkeit, Ansehen, Innovation, Integrität oder Loyalität.

Aus deinen eigenen Begriffen darfst du nun eine Mindmap zeichnen – in der Mitte steht der Anfangsbuchstabe deines Namens. Je häufiger ein Wert oder auch Wort aufgetaucht ist, desto größer darfst du diesen Begriff einzeichnen. Nun hast du eine Mindmap mit deinen wichtigsten Werten. Das ist die Basis für dein *Warum*. Dieses Mindmap hilft dir im Folgenden dabei, diese Worte und Werte mit einer Vision und mit Tätigkeiten zu ergänzen, um dein *Warum* wirklich zu leben.

Versuche nun, dein Warum in einem Satz zu formulieren. Keine Angst, du kannst den Satz jederzeit anpassen und überarbeiten. Schreibe jetzt aber einen Satz nieder, mit dem du erst einmal arbeiten kannst und der deine innere Motivation am besten beschreibt.

EMPOWERED ACTION – 3 Minuten Quickie

Schreibe drei Begriffe in dein Journal, die dir einfallen, wenn es um dein *Warum* geht. Welche Worte beschreiben dein *Warum* am besten? Es ist vollkommen egal, um welche Begriffe es sich handelt – sie müssen sich lediglich richtig für dich anfühlen. Starte mit den ersten drei Begriffen, die dir einfallen und redigiere sie, wenn du das Bedürfnis hast und du noch passendere Begriffe findest.

Ergebnis: Du kennst deine Werte und dein *Warum* (deutlich besser) und kannst nun dein Leben danach ausrichten.

Bevor du nun weiterliest, empfehle ich dir noch einmal, alle vorherigen EMPOWERED ACTIONs schriftlich gemacht zu haben, falls du es noch nicht getan hast oder sie nur beim Lesen im Kopf gemacht hast. Das Aufschreiben festigt die Ergebnisse noch einmal.

Zum jetzigen Zeitpunkt solltest du wissen, wie sich deine Stärke anfühlt und diese mit deinen eigenen Worten beschrieben und gespürt haben. Du hast außerdem aufgeschrieben, was Erfolg für dich ganz persönlich bedeutet und wie deine Intuition dir Zeichen gibt, ob du auf dem richtigen Weg bist oder nicht. Zuletzt hast du eine Mindmap mit wichtigen Begriffen angefertigt, die inspirierende Menschen, Situationen und deine Werte sowie dein persönliches Warum beschreiben. Lies erst weiter, wenn du all das bereits gemacht hast, denn mit dieser Grundlage arbeiten wir im zweiten Teil weiter.

Teil 2: Crush Your Goals! – Habe den Mut, deine Stärke zu leben

Deiner Stärke, deiner Intuition und deinem *Warum* zu vertrauen, ist der erste Teil dessen, was ein erfolgreiches Leben nach deinen Maßstäben ausmacht. Der zweite Teil dieses Buches ist darauf ausgelegt, dich deinen Wünschen und Zielen näherzubringen. Es bringt nichts, deine Stärke zu kennen, deine Intuition wahrzunehmen und dein *Warum* zu finden, wenn du damit nichts tust. Es geht darum, dein Inneres in dein Handeln zu übertragen und damit erfolgreich und erfüllt zu sein. Es geht darum, beides in Einklang zu bringen. Dazu braucht es jedoch andere Qualitäten und Eigenschaften als die, die es in vorhergegangenen Abschnitten brauchte. Statt dich auf eher reflektierende und nach innen gerichtete Weise auf dich zu fokussieren, liegt der Fokus jetzt auf Antrieb, Durchbruch und Aktivität. Deine Vision, dein Plan und dein Handeln unterstützen dich dabei, dass deine Wünsche nicht mehr nur Wünsche bleiben, sondern Realität werden. Sie verhelfen dir dazu, dass du dein Leben so leben kannst, wie du es für richtig hältst und wie du dich gut fühlst.

> **Deine Vision, dein Plan und dein Handeln unterstützen dich dabei, dass deine Wünsche nicht mehr nur Wünsche bleiben, sondern Realität werden.**

Deine Vision beispielsweise sorgt dafür, dass du überhaupt ins Tun kommst und deine Motivation auf ein konkreteres Ziel lenkst. Denn ohne Antrieb wird es nie zum Handeln kommen. Deine Vision ist hier eine deiner treibenden Kräfte. Der Plan bringt dich deinem Ziel ein großes Stück näher, indem du damit den Fokus ausrichtest und deine Zeit mit bewusst gewählten Tätigkeiten verbringst, die sich richtig anfühlen und dir Energie geben. Schlussendlich ist dein Handeln das A und O. Es ist der Schritt, der deinem Leben Erfüllung gibt.

Träume wollen gelebt werden. Sie sind nicht in dir, um dort zu bleiben. Sie sind in dir, um erfahren und wahr gemacht zu werden.

Trotzdem fällt es vielen schwer, wirklich ins Handeln zu kommen. Einige Handlungen erfordern Mut und Fokus, um umgesetzt zu werden. Deine Wünsche sind dann nicht mehr nur in deinem Kopf, sondern auch für andere sichtbar. Aber Träume wollen gelebt werden. Sie sind nicht in dir, um dort zu bleiben. Sie sind in dir, um erfahren und wahr gemacht zu werden. Wie oft werden Träume und Wünsche als „Kinderkram" abgestempelt? Wie oft verdrängen wir sie, um unserem täglichen Alltagstrott nachzugehen, weil es das ist, was wir machen „müssen"?

Es ist traurig, mit anzusehen, wenn unsere Träume schlussendlich oft nur in Form von Bildern an der Wand hängen oder für immer Träume in unseren Köpfen bleiben. Träume sind da, um gelebt zu werden. Träume sind nicht nur für Kinder, sie sind für alle Menschen da. Sie existieren, damit du diese Träume wahr machen kannst. Du bist nicht hier, um irgendetwas zu tun,

Träume sind nicht nur für Kinder, sie sind für alle Menschen da.

weil es alle machen. Du bist hier, um das zu tun, was du wirklich tun willst. Die mutigste Sache, die ein Mensch tun kann, ist, das Leben zu leben, das er sich wünscht und so zu leben, wie er es für richtig hält. Das bedeutet, Courage zu besitzen. Diesen Schritt gehen wir nun gemeinsam und finden Wege, wie du deine Vision zur Realität werden lassen kannst. Das Außen spielt jetzt eine immer größere Rolle, weil du dich selbst im Außen ausdrückst und das Leben manifestieren kannst, das du leben möchtest.

Im ersten Teil hast du dich mit den größeren Fragen im Leben befasst, wie zum Beispiel was Erfolg für dich bedeutet, nach welchen Werten du leben möchtest und was dein *Warum* hinter allen Tätigkeiten ist. Diese Fragen sind oft nicht einfach zu beantworten, aber diese Fragen sind es wert, ehrlich beantwortet statt nur überlesen zu werden. Es kann aber auch sein, dass du die Antworten eigentlich schon lange kanntest. Was auch immer der Fall ist, lass dich nicht ausbremsen, sondern gib deinen Wünschen die Chance, gelebt zu werden. Wenn du die Fragen ehrlich beantwortet hast, hast du damit den Grundstein gelegt, nun mit Teil 2 zu starten. Are you ready to crush your goals?

„Courage originally meant to speak one's mind by telling all one's heart."

Brené Brown

Deine Vision

Eine Vision ist nicht nur Unternehmen oder „Visionären" vorbehalten. Wir alle tragen sie in uns. Eine Vision ist letztendlich die Vorstellung eines zukünftiges Bildes von dir, deinem Leben und der Gesellschaft. Alles, was du heute siehst, unterlag eines Tages einer menschlichen Vision. Jeder Gegenstand, aber auch jede abstrakte Idee. Eine solche Vision kann wie das *Warum* sehr motivierend sein und ist der erste Schritt, ins Handeln zu kommen.

Du entwirfst eine Idee, ein Bild von etwas, das dir am Herzen liegt und das du in Zukunft deine Realität nennen möchtest. Im Optimalfall ist deine Vision mit deinen Werten und deinem *Warum* verbunden. Anhand der Fragen im ersten Teil des Buches hast du eine Idee davon bekommen, wer du wirklich bist und was dich ausmacht. Vielleicht hast du bereits ein grobes Bild deines Lebens im Kopf, das es jetzt so gut wie möglich zu konkretisieren gilt, ohne dabei die Spontanität des Lebens aufzugeben. Der Weg dahin ist jetzt noch irrelevant und auch der Fakt, wie realistisch deine Vision ist, ist noch nicht ausschlaggebend. Wichtig ist, dass deine Vision zu dir passt.

Im Gegensatz zu deiner Stärke, deiner Intuition und deinem *Warum* bezieht die Vision mehr und mehr konkrete Projekte ein. Statt dich lediglich mit dir, deinem Inneren und deinen Werten zu befassen, beginnst du nun, einen Weg zu finden, diese in ein Bild der Realität zu verwandeln.

Eine Vision ist dein tiefster Kern, der darauf wartet, umgesetzt zu werden.

Eine Vision ist dein tiefster Kern, der darauf wartet, umgesetzt zu werden. Sicherlich sind dir die ersten Ideen für ein Projekt deines Lebens im privaten, persönlichen oder beruflichen Umfeld gekommen, als du dich so eingehend mit dir selbst beschäftigt hast. Wer das tut, wird oft mit einer klaren Vision belohnt. Schrecke nicht vor einer großen Vision und großen Idealen zurück. Denn selbst wenn sie am Ende nur zur Hälfte zur Realität werden, wird es dich positiv überraschen und du hattest die Chance, dem näherzukommen, was du wirklich angestrebt hast. Du hast deinem Leben eine Richtung gegeben, mit der du deine Persönlichkeit ausleben konntest. Du hast deine Zeit nicht mit etwas verbracht, das es nicht wert war, sondern mit Dingen, für die du dich ganz bewusst entschieden hast.

Meine eigene Vision beinhaltete zum Beispiel sehr lange dieses Buch. Unzählige Male habe ich mir bereits vorgestellt, es in den Händen zu halten. Ich habe mir vorgestellt, wie und wo ich es schreiben würde, wen es erreichen und wie es in deinem Leben einen Unterschied machen würde. Ich habe nach Wegen gesucht, wie ich mein *Warum* vorantreiben kann und das Buch ist eine Vision, die dieses *Warum* unterstützt. Hinzu kommt die Vision der Online-Community, die Menschen zusammenbringt und einen Raum für Veränderungen schafft. Ich habe aber auch ganz persönliche Visionen, zum Beispiel wie der Ort aussieht, an dem ich leben und arbeiten möchte, mit welchen Menschen ich mich umgebe oder welche Art von Mensch ich sein will.

„Vision is the art of seeing what is invisible to others.“

Selbstbestimmt lebt es sich besser

Das Schönste an deiner Vision ist, dass du deinem Leben mit einer Vision eine starke Richtung verleihen kannst. Eine Vision, die vielleicht nur du sehen kannst, aber das ist okay. Lass sie dir nicht ausreden, nur weil andere nicht sehen können, was du siehst. Ich möchte gar nicht wissen, wie viele brillante Dinge nie das Licht der Welt erblickt haben, nur weil es Menschen gab, die anderen das Feuer aus dem Herzen und den Wind aus den Segeln genommen haben. Lass das nicht zu, beschütze deine Vision und arbeite daran, dass sie dir und anderen ein freudvolleres Leben bescheren kann. Keine Vision ist zu klein oder zu groß! Jede einzelne lohnt sich, umgesetzt zu werden. Du trägst deine Vision mit dir, weil es deine Aufgabe ist, sie zu leben. Statt dich also von anderen beeinflussen oder einfach treiben zu lassen – was sicherlich nicht falsch ist, wenn du dir das wünschst –, darfst du das Steuer mithilfe deiner Vision selbst in die Hand nehmen. Wenn du eine klare Vision vor Augen hast, ist es fast unmöglich, Dinge zu tun, die dir (und auch anderen) nicht gut tun. Du lässt dich weniger leicht beeinflussen und ziehst dann die Menschen an, die eine ähnliche Vision und Ziele haben wie du. Mit einer Vision im Kopf lebst du viel weniger gedankenverloren und unbewusst von Tag zu Tag, deine Vision gibt deinem Leben eine Richtung und übersetzt deine Werte und dein *Warum* in konkrete Ideen. Sie schärft deinen Geist, lässt deinen Verstand klar werden und fokussiert deine Gedanken.

Wenn es um die Vision geht, passt die Analogie eines Segelschiffs sehr gut. Würdest du dich einfach in ein Schiff setzen, das Segel hissen und dann gemütlich auf das Deck legen? Das mag für eine Zeit sehr schön sein – bis ein Sturm aufkommt, dich der Hunger plagt oder du zu weit vom Land wegtreibst. In all diesen Fällen würdest du das Steuer in die Hand nehmen, dein Ziel anvisieren und deine ganze Energie darauf verwenden, dort anzukommen. Ähnlich ist es mit deinem Leben und deiner Vision auch. Hisst du dein Segel erst gar nicht oder fängst nie an, zu steuern, kommst du schnell an Orte, die du gar nicht besuchen wolltest. Äußere Umstände wie der Wind, die Wellen oder Hindernisse kommen dir zuvor und bestimmen plötzlich, wo die Fahrt hingeht. Setzt du aber selbst dein Segel und übernimmst das Steuer, kannst du entscheiden, wo es lang geht. Übersetzt heißt das für dich: Kreiere eine klare Vision für dein Leben, damit du den Ton darin angibst. Dann kannst du bei jeder neuen Gelegenheit und Chance abwägen, ob diese Vision es wert ist, ihr nachzugehen. Es liegt in deiner Hand.

„Hold the vision, trust the progress."

Vision in die Realität gebracht

Visionen können die Welt verändern. Dazu möchte ich dir drei Beispiele von Frauen schildern, die eine große Vision vor Augen hatten und damit ihr eigenes Leben, aber vor allem das Leben anderer beeinflusst haben. Diese Beispiele bedeuten nicht, dass du dasselbe tun musst. Sie sollen nicht den Druck in dir auslösen, Nobelpreisträgerin und Aktivistin zu werden, um etwas verändern zu können. Es soll dir aber zeigen, was möglich sein kann und es sind Beispiele dafür, wie eine gelebte Vision aussehen kann. Du entscheidest selbst, welche Veränderungen du an dir und um dich herum sehen möchtest und was du eventuell bereit bist, dafür zu opfern. Denn Visionen zu kreieren und umzusetzen, bedeutet Mut zur Veränderung zu haben, Chancen zu nutzen und meistens auch viel Arbeit.

Jane Goodall (3. April 1934, England) hat ihr Leben dem Erforschen von Primaten gewidmet. Sie bekam im Jahr 1960 die Chance, Schimpansen zu Forschungszwecken in Tansania in ihrer natürlichen Umgebung zu beobachten. Damals wusste man noch sehr wenig über diese Tiere und ihr Leben in freier Wildbahn. Zunächst wollten sich die Schimpansen Goodall nicht nähern, doch mit viel Geduld gewann die Forscherin langsam ihr Vertrauen. Mit ihrem Fernglas beobachtete sie die Tiere über mehrere Wochen aus der Ferne, später kamen sie immer näher auf sie zu. Sie entdeckte dabei, dass die Primaten Rituale hatten, Werkzeuge benutzten und ihre Sprache mindestens 20 unterschiedliche Laute enthielt. Jane Goodall eröffnete eine Station für Studenten, die weitere Forschungen vor Ort betrieben. Außerdem gründete sie das Jane Goodall Institute, um sich weiter für den Schutz von Schimpansen und deren Lebensraum einzusetzen. Neben zahlreichen Auszeichnungen wurde ihre Arbeit zum Beispiel mit dem UNESCO Gold Medal Award gekürt. Jane Goodall hat ihr Leben ihrer Vision gewidmet, das Verhältnis zwischen Tier und Mensch neu zu definieren und sich in die Welt der Tiere einzufügen. Rosa Parks (4. April 1913–24. Oktober 2005, USA) hatte ebenfalls eine Vision und löste mit einem einzigen Akt des Widerstands eine ganze Bürgerrechtsbewegung aus. Schulen und der städtische Nahverkehr in den USA unterlagen damals einer strikten Apartheit. People of color und weiße Menschen besuchten nicht dieselben Schulen und im Bus waren die vorderen Plätze für weiße Menschen vorgesehen. Die 42-jährige Rosa Parks setzte sich als Woman of color auf einen für Weiße reservierten Platz und wurde vom Busfahrer aufgefordert, den Platz zu verlassen. Rosa Parks sagte Nein. Dafür kam sie für eine Nacht ins Gefängnis und löste damit eine Bewegung aus, die sogar das US-amerikanische Verfassungsrecht ändern sollte. Ihre Freunde starteten einen Boykott: Keine Person mit dunkler Hautfarbe sollte den städtischen Busverkehr benutzen, bis das Gesetz geändert wurde. 381 Tage hielt der Boykott an, bis das Verfassungsgericht der USA die Apartheit in Bussen als verfassungswidrig erklärte. Auch Rosa Parks trug eine Vision in sich und beschloss – trotz aller Konsequenzen – sie wahrzumachen.

> „I tell my story, not because it is unique, but because it is not. It is the story of many girls."
> Malala Yousafzai

Malala Yousafzai (12. Juli 1997, Pakistan) zeigte für die Verwirklichung ihrer Vision ebenfalls Mut und setzte sogar ihr Leben dafür auf's Spiel. Am 9. Oktober 2012 schoss ihr ein Anhänger der Terrorgruppe Taliban mit einem Revolver in den Kopf, weil sich das junge Mädchen öffentlich für die Rechte von Kindern, insbesondere für das Recht von Mädchen auf Bildung einsetzte. Sie überlebte das Attentat, erlangte dafür internationale Aufmerksamkeit und wurde zur jüngsten Nobelpreisträgerin aller Zeiten gekürt. In ihrer Rede zum Friedensnobelpreis sagte sie: „I tell my story, not because it is unique, but because it is not. It is the story of many girls. Today, I tell their stories too. I am those 66 million girls who are deprived of education. And today I am not raising my voice, it is the voice of those 66 million girls." Malala Yousafzai trug eine Vision in ihrem Herzen, weil sie die Ungerechtigkeit gegenüber Kindern nicht akzeptieren konnte und wollte.

Diese drei Frauen haben Großes bewegt. Ware ihre Vision realistisch? Für viele nicht. Aber für sie lohnte es sich, aufzustehen und in Aktion zu treten. Mit der Zeit und durch ihren unermüdlichen Einsatz haben sich immer mehr Menschen gefunden, die ebenfalls an ihre Vision geglaubt haben. Sie sahen die Veränderung bereits so oder so ähnlich vor ihrem inneren Auge und wussten, wie wichtig ihnen diese ist.

> So unbedeutend sich unser Leben angesichts der weltweiten Bedrohungen manchmal anfühlen mag, so viel können wir dennoch bewegen und verändern.

„Little girls with dreams become women with a vision."

Der Angst entgegen ...

Das Gefühl, wirklich etwas zu verändern, egal ob persönlich oder gesellschaftlich, kann beängstigend sein – weil wir uns unserer Macht und unserer Selbstwirksamkeit bewusst werden. So unbedeutend sich unser Leben angesichts der weltweiten Bedrohungen manchmal anfühlen mag, so viel können wir dennoch bewegen und verändern.

Aber wovor fürchten wir uns eigentlich, wenn wir mit einer Veränderung doch eigentlich nur Gutes bezwecken wollen? Die Ursachen sind vielschichtig – und haben in erster Linie mit uns selbst zu tun. Die meisten unserer Ängste produzieren wir in unseren eigenen Köpfen. Wir haben vor allem Angst davor, was möglicherweise eintreten könnte, aber kaum vor dem, was realistischerweise eintritt.

Eine der häufigsten Arten der Angst, wenn es darum geht, deine Vision und deine Träume zu leben, ist die Angst vor dem Scheitern. Diese Angst kann so paralysierend sein, dass sie uns dazu veranlasst, lieber gar nichts zu tun als den nächsten Schritt in die richtige Richtung. Sie kann so lähmend sein, dass wir unsere Lebenszeit in einem Job verbringen, den wir nicht mögen, mit Menschen zusammen sind, die uns nicht richtig kennen oder weiterhin den Dingen nachgehen, die wir immer schon getan haben. Bevor eine Veränderung dazu führt, dass wir scheitern, tun wir lieber nichts und lassen alles beim Alten. Wir halten lieber ein Bild unseres Lebens aufrecht, das uns nicht gefällt, als mit einer Veränderung zu scheitern. Auch ich kann mich davon nicht ausschließen. Wie lange habe ich Jobs gemacht, die mir Bauchschmerzen bereiteten oder Dinge, die mir überhaupt nicht wichtig waren, nur um nicht gescheitert zu sein? Nur um mir nicht eingestehen zu müssen, dass ich eine falsche Entscheidung getroffen habe.

Dabei ist das Scheitern lediglich ein Schritt auf unserem Weg zu einem erfolgreichen Leben. Wann sind wir wirklich gescheitert? Mit unserem Versuch, ein Ergebnis zu erreichen, haben wir also lediglich herausgefunden, dass Methode A nicht funktioniert und uns nicht das gewünschte Ergebnis bringt. Nicht mehr und nicht weniger. Eventuell können wir sogar weitere Schlüsse daraus ziehen. Vielleicht hat sich durch diese Methode eine Erkenntnis eingestellt, mit der wir nicht gerechnet hätten. Zum Beispiel hat sich eine neue Möglichkeit für eine andere Veränderung gezeigt oder wir haben neue Bekanntschaften und Erfahrungen gewonnen. Wirklich scheitern kann in meinen Augen aber niemand, der ernsthaft versucht, sein und das Leben anderer zu verbessern. Ich nenne das mutig sein und Methoden testen – nicht aber scheitern. Ich weiß natürlich auch, dass das Gefühl, das sich einstellt, nicht besonders zufriedenstellend ist, wenn wir uns etwas anderes erhofft haben. Vor allem, wenn wir unsere ganze Energie und den ganzen Mut investiert haben – oder noch mehr auf dem Spiel steht wie unsere Existenz oder ganze Freundschaften. An diesen Tagen kann das Gefühl hochkommen, man wäre gescheitert. Aber das ist nicht das Ende – es geht weiter. Es kommen wieder andere Tage. Immer.

Neben dem Scheitern macht vielen Frauen auch die Angst zu schaffen, verurteilt zu werden. Dazu möchte ich sagen: Erst einmal müssen wir aufhören, andere zu verurteilen. Denn wenn sich bei uns im Kopf die verurteilenden Sätze abspielen, die wir vielleicht über andere denken, können wir nur davon ausgehen, dass andere uns ähnlich bewerten. Macht es nicht viel mehr Sinn, einen Menschen erst kennenzulernen, uns mit ihm zu beschäftigen und zu versuchen, ihn zu verstehen? Jeder Mensch hat eine Geschichte. Verhindern, dass andere über dich urteilen, kannst du leider nicht. Du kannst aber bei dir selbst anfangen und andere weniger für ihre Entscheidungen be- und verurteilen. Du kannst ihnen positiv oder wenigstens neutral gegenübertreten. Bevor du deinen Gedanken freien Lauf lässt, finde etwas an deinem Gegenüber, das du magst und bewunderst. Vielleicht ist es ihre Art zu leben, zu reden, sich zu kleiden oder zu denken. Vielleicht ist die Art völlig anders als deine, aber ist sie deswegen schlechter? Sie kann dich beispielsweise zukünftig inspirieren, Situationen und auch Probleme anders anzugehen. In jedem Menschen steckt etwas, das sehr bewundernswert ist. Öffne deinen Blick dafür und verurteile andere Menschen weniger. Das tut jeder von uns gut.

Auf der anderen Seite denken wir oft auch voreilig, dass andere etwas Schlechtes über uns denken. Mal sind es die Nachbarn, die dich vermeintlich für deinen ungepflegten Vorgarten verurteilen, mal die Frau neben dir an der Kasse, die dich so seltsam anschaut, und mal deine Familie, die dich für verrückt erklärt, wenn du vorhast, dich beruflich umzuorientieren. Was der Nachbar aber wirklich von deinem Vorgarten hält, die Frau an der Kasse von dir und deine Familie von deinem Karrierewechsel, erfährst du nur durch ein offenes Gespräch. Unser Kopf spinnt sich ansonsten nämlich oft Stories zurecht, die reine Vermutungen oder Interpretationen von uns sind. Genauso gut kann es sein, dass der Nachbar deinen wilden Vorgarten bewundert, die Frau an der Kasse deine Frisur mag und deine Familie dich für mutig hält. Und wenn sie doch etwas Negatives über dich denken, dann ist es lediglich eine Meinung von vielen. Wie der eine dich und deine Vorhaben wahrnimmt, muss eine andere noch längst nicht so empfinden. Die Urteile und Gedanken anderer Menschen entstehen immer im Vergleich mit ihren eigenen Leben, Umständen, Erfahrungen und Werten.

Ein einfaches Beispiel: Die Sätze „Du isst aber viel." und „Du isst aber wenig." habe ich schon mehrfach unabhängig voneinander bei derselben Menge Essen gehört. Abgesehen davon, dass es niemanden interessieren muss, wie viel ich esse, sind diese Aussagen anderer weniger wegen meines Essverhaltens entstanden und mehr aus dem Vergleich zu ihrem eigenen Essverhalten. Wie du siehst, kann es ganz unterschiedlich sein, was Menschen von dir denken. Und selten hat es tatsächlich viel mit dir zu tun. Dass sie sich ein Bild von dir machen und über dich urteilen, ist nicht zu verhindern. Du kannst auch nicht verhindern, was sie über dich denken und ob diese Gedanken positiv oder negativ sind. Aber du kannst dir immer wieder vor Augen führen, dass es nicht immer mit dir und deinem Leben zu hat und vielmehr mit dem deines Gegenübers. Eine weitere Beobachtung in Bezug auf die Angst: Sie befindet sich vor allem in deinem Kopf. Andere Menschen machen sich selten so viele Gedanken über dich und dein Leben, wie du vielleicht denkst. Sie machen sich viel mehr Gedanken über sich selbst und ihr Leben. Sie haben eigene Gedanken, Ängste und Zweifel, die ihnen durch den Kopf gehen – und das sind selten dein Vorgarten, deine Frisur oder deine berufliche Zukunft. Oft sind es ihr eigener Vorgarten, ihre eigene Frisur und ihre eigene berufliche Zukunft.

> *„Make your vision so clear, that your fears become irrelevant."*

Tu es für dich und du bereicherst auch andere

Es kann schwierig sein, Ängste abzulegen und den Mut aufzubringen, an die eigene Vision zu glauben. Wie lange habe ich selbst nicht an mich und meine Träume geglaubt? Wie lange habe ich gedacht, dass ich das tun müsste, wofür sich auch andere entscheiden? Dabei hat es einen Grund, warum jede und jeder mit einer unterschiedlichen Vision sowie Begabungen und Eigenschaften ausgestattet ist. Weil die Welt und andere Menschen genau diese Diversität brauchen. Darum bedenke: In erster Linie geht es darum, dass du deine kostbare Lebenszeit und Lebensenergie damit verbringst, was du liebst. Dass du die Erfahrungen sammelst, die dich interessieren und die Dinge tust, die du tun

In erster Linie geht es darum, dass du deine kostbare Lebenszeit und Lebensenergie damit verbringst, was du liebst.

möchtest. Wenn du dem nachgehst, wirst du immer einen Weg finden, dein bestes Leben zu leben. Wenn der Fokus genau darauf liegt – auf dir und darauf, was deine Stimme dir sagt –, wirst du auch andere bereichern. Zum einen bereicherst du sie mit deinen Fähigkeiten, die gebraucht werden. Zum Beispiel, indem du in deinem Job mit deinen Ideen, deiner Expertise und deiner Leidenschaft einem anderen Menschen genau das bietest, was er oder sie überhaupt nicht gerne tut oder gar nicht kann. Aber auch emotional bereicherst du andere. Indem du voran gehst und deiner Vision folgst, hat das oft eine inspirierende Wirkung. Erinnerst du dich noch an Jane Goodall, Rosa Parks und Malala Yousafzai? Alle drei Frauen sind vorangegangen, haben an ihre Vision geglaubt und damit weit mehr Menschen bewegt, als sie anfangs vermutet hatten. Und das nur, weil sie ihrer Vision gefolgt und für sich eingestanden sind. Damit wirst du zum Leuchtturm und zum Vorbild für andere. Du inspirierst sie damit, ihren eigenen Weg zu gehen, ebenfalls für sich einzustehen und zeigst, was möglich ist. Egal, wie klein oder groß dir dabei deine Taten vorkommen – für jemand anderen kann das die Welt verändern. Das Gefühl der Veränderung und das Bild deiner konkreten Wünsche können beängstigend sein und auch Zweifel sind dabei völlig normal. Aber mit jedem Zweifel, der dich davon abhält, deiner Vision zu folgen, bezahlst du mit Lebenszeit und Lebensfreude. Die Entscheidung liegt immer bei dir. Die Frage ist nämlich nicht, ob du es wert bist, diese Vision zu leben, sondern die Frage lautet: Ist es deine Vision wert, dass du sie lebst?

„Vision without action is merely a dream. Action without vision just passes the time. Vision with action can change the world.“

John Alec Barker

Die Vision – das große Ganze im Blick

Eine Frau mit Vision kann viel erreichen. Aber vor allem erreicht sie mit ihrer Vision eins: Ein selbstbestimmtes Leben ganz nach ihren Vorstellungen. Ängste, Zweifel und Unsicherheiten scheinen plötzlich überwindbarer, wenn man weiß, wofür man einsteht. Genau solche selbstbestimmten Frauen braucht es – Frauen, die ihre Vision und ihre Richtung kennen. Frauen, die nicht einfach alles hinnehmen, sondern reflektieren, hinterfragen und das große Ganze sehen. Folge der konkreten Vision, die deine Augen zum Strahlen bringt. Selbst wenn du noch nicht zu 100 Prozent weißt, wie du sie wahr machen kannst. Sie ist richtig – vertraue darauf. Besonders wertvoll sind übrigens die ersten Bilder und Antworten, die auftauchen, wenn es darum geht, was du dir für dein Leben wünschst. Sie wurden nämlich noch nicht zu sehr von deinem Verstand und den inneren Stimmen zensiert. Du kannst sie dir wie folgt bewusst machen:

> **Eine Frau mit Vision kann viel erreichen. Aber vor allem erreicht sie mit ihrer Vision eins: Ein selbstbestimmtes Leben ganz nach ihren Vorstellungen.**

1. Klarheit und Distanz

Tritt gedanklich einen Schritt zurück und nimm eine Vogelperspektive ein, während du auf dein zukünftiges Leben blickst. Du siehst nun dich selbst und wie du deiner Vision folgst. Stelle dir vor, wen du damit inspirieren wirst und betrachte dich auch aus der Perspektive dieser Menschen. Wie verhält sich die Person, die sie sehen? Was treibt sie an? Was möchte sie verändern? Dich in die Lage eines außenstehenden Beobachters hineinzuversetzen, kann dir dabei helfen, zu erkennen, womit du deine Zeit verbringen möchtest und wie genau dein Leben aussehen kann.

Alternativ kannst du auch immer wieder das Gespräch mit Menschen aus deiner Umgebung suchen. Stelle ihnen gezielt Fragen danach und hole dir Feedback ein. Gerade außenstehende Beobachter erkennen oft sehr gut, in welchen Situationen und bei welchen Themen du besonders engagiert bei der Sache bist. Du kannst sowohl Personen fragen, die dich gut kennen, als auch Personen, die dich erst seit Kurzem kennen oder nur kurz kennengelernt haben. Das kann ganz organisch in einem Gespräch entstehen, indem du sie fragst, welchen Eindruck sie von dir haben und wie du und deine Handlungen auf sie wirken. Du wirst in den meisten Fällen überrascht sein, wie viel positiver und eindrucksvoller du ankommst, als du denkst. Vielleicht werden dir nicht alle weiterhelfen können, aber du bekommst immer mehr ein Gespür dafür, wer dich schätzt, was man an dir schätzt und wer vielleicht sogar deine Vision teilt.

2. Bestandsaufnahme

Deine Vision hat zur Aufgabe, dein Leben zu bereichern, es heller und lebendiger zu machen. Selbst in herausfordernden Zeiten (die definitiv kommen werden!) trägt deine Vision dazu bei, dass du Hoffnung hast und einen Grund, wofür es sich durchzuhalten lohnt. Um herauszufinden, was deine Vision ist und wie du ihr näherkommen kannst, ist eine Bestandsaufnahme sehr hilfreich. Du startest damit, dein Leben zu betrachten, wie es momentan ist, um dann herauszufinden, was sich ändern darf.

Stelle dir erst einmal folgende zwei wichtige Fragen und schreibe die Antworten in dein Journal:

- Wie zufrieden bist du gerade mit deinem Leben? Auf einer Skala von 0 (d.h. maximal unzufrieden) bis 10 (d.h. maximal zufrieden) – wo stehst du?

– Was darf sich ganz konkret verändern? Mit welchen Tätigkeiten würdest du dich gern mehr beschäftigen, was bringt dir Freude?

3. Deine Vision in konkreten Bildern und Projekten

Der dritte und fast schon wichtigste Schritt, deine Vision zu konkretisieren, ist es, sie auch visuell festzuhalten. Dazu habe ich dir eine Übung in die nächste EMPCWERED ACTION gepackt, die dir dabei helfen wird.

Mir war es bis hierher sehr wichtig, dass du den Weg zu dir und deinem Inneren findest. Die Themen der Stärke, deiner Intuition, deines *Warum* und deiner Vision sind allesamt Themen, die deinen Blick nach innen brauchen. Viele von uns haben genau das verlernt. Sich wirklich eingehend damit zu beschäftigen, bringt dir nach meiner Erfahrung ganz besonders viel Zufriedenheit und positive Veränderungen in deinem Leben. Nur weil die Kapitel über deine Innensicht nun abgeschlossen sind und es nun strategischer wird, bedeutet das nicht, dass diese Themen nicht weiterhin wichtig sind. Im Gegenteil: Es ist sehr wichtig, dass du dich immer wieder mit deinem Inneren verbindest. Denn auch deine Wünsche und Ziele können sich immer wieder verändern. Hinzu kommt, dass wir uns im Alltag schnell dazu verleiten lassen, äußere Stimmen stärker wahrzunehmen als unsere eigenen. Wir sind konfrontiert mit den Bildern unserer Gesellschaft, die oft ganz bestimmte Vorstellungen und Anforderungen an uns hat, die aber eben nicht immer unseren eigenen entsprechen. Regelmäßige Zeiten, die du nur für dich selbst nutzt, können also sehr wertvoll sein. Am Ende der Woche, am Wochenende, am Abend oder früh am Morgen – wähle für den bewussten Blick nach innen eine Zeit, in der du Ruhe hast und für dich allein sein kannst.

„If you are working on something exciting that you really care about, you don't have to be pushed. The vision pulls you.“

Steve Jobs

EMPOWERED ACTION – Deine Vision auf Papier

Ziel: Lasse deine Vision ein Stück mehr zur Realität werden, indem du sie aufschreibst und visualisierst.

Es ist wieder Zeit für dein Journal und es geht darum, nun deine Vision ganz konkret festzuhalten. Bereit? Also los geht's. Zu diesem Zeitpunkt ist es noch egal, um wie viele deiner Ideen aus den vorangegangenen Fragen es sich handelt und wie „realistisch" diese Vision ist. Vielleicht sind es nur kleine Veränderungen in deinem Leben, die du angehen möchtest, vielleicht ist es aber auch ein gesellschaftlicher Wandel, zu dem du beitragen möchtest. Im Gegensatz zu den Fragen zum Thema „Dein *Warum*" geht es nun darum, ganz konkrete Bilder zu skizzieren. Entweder in Worten, mit echten Skizzen oder mit Bild- oder Video-Collagen. Ich selbst nutze alle diese Möglichkeiten. Ich beschreibe meine Vision ausführlich in Worten und schreibe alles auf, was mir dazu einfällt. Ich halte aber auch Bilder fest, die auftauchen, wenn ich an meine Vision denke. Das können Frauen sein, die sich verbinden, Bilder meiner Traumwohnung oder dieses Buch zum Beispiel. Ich habe es mir zuvor unzählige Male vorgestellt, ohne zu wissen, ob ich einen Verlag finde, der diese Ideen unterstützt. Eine Collage aus Bildern, die deine Vision visuell (und akustisch, wenn du dein Video beispielsweise mit Musik hinterlegst) darstellt, ist ebenfalls eine gute Möglichkeit.

Stelle dir bei der Erstellung folgende Fragen und halte alles fest, was dir relevant erscheint:

- Welche konkreten Ideen und Bilder sind dir beim Lesen dieses Buches bereits begegnet?

- Wovon träumst du (schon lange) in deinem Leben?

Was würdest du tun, wenn du keine Angst hättest?

- Welche Projekte würdest du gerne in Angriff nehmen?

- Was würdest du tun, wenn du keine Angst hättest?

Alles, was dein Leben und das Leben anderer bereichert und zur Realität werden soll, findet hier seinen Platz und ist erlaubt. Bringe deine Vision aus deinem Kopf auf das Papier oder den Bildschirm und damit einen Schritt weiter in die Realität.

Hast du nun die Vision deines Lebens konkreter werden lassen, darfst und solltest du sie dir immer wieder vor Augen führen. Denn so kann sie sich auch in deinem Unterbewusstsein verankern und wirken. Hast du eine Skizze angefertigt, kopiere sie und hänge sie zum Beispiel an mehreren Orten auf. Hast du ein Video kreiert, schaue es dir jeden Abend vor dem Einschlafen an. Und hast du Stichpunkte aufgeschrieben, lies sie dir immer wieder durch. Dieses Bild deiner Vision darf dich für die nächsten Monate begleiten. Es ist wichtig, dir deine Zukunft immer wieder vor

Augen zu führen, damit sie nicht in Vergessenheit gerät.

Kleiner Tipp: Versieh das Bild unbedingt mit einem Datum, denn du wirst überrascht sein, wie schnell sich die ersten Veränderungen einstellen werden und deine Vision weiter wachsen wird.

EMPOWERED ACTION – 3 Minuten Quickie

Wenn du direkt loslegen möchtest, finde ein einzelnes Bild, das die Vision deines Lebens am besten widerspiegelt. Es darf einen ganz konkreten Traum von dir oder auch ein Gefühl darstellen, das du dir für dein zukünftiges Leben wünschst. Dazu kannst du eine Bildsuchmaschine deiner Wahl verwenden oder es selbst zeichnen. Wähle das Bild, das dir sofort ins Auge springt und sich passend anfühlt. Verwende es als Bildschirmschoner deines Smartphones oder lege es auf deinen Nachttisch. Hauptsache, du siehst es so oft wie möglich. Bei mir ist es zum Beispiel ein Bild, das ich aus dem Flugzeug gemacht habe und das rosa Wolken zeigt, weil es mich daran erinnert, dass ich frei sein und arbeiten möchte und mein Leben sich leicht und unbeschwert anfühlen soll. Es handelt sich um ein einziges Bild, suche es jetzt!

Ergebnis: Du hast nun ein konkretes Bild deiner Vision vor Augen und kannst daraus die ersten Handlungsschritte ableiten.

Dein Plan

Der nächste Schritt, um Veränderung in dein Leben zu bringen, ist ein genauer Plan. An dieser Stelle kommen wir zum strategischen und rationalen Teil deiner Veränderung, ohne dabei den Blick nach innen aus den Augen zu verlieren. Wo wir vorher versucht haben, den Verstand weitestgehend in den Hintergrund zu rücken, um an die Essenz deiner Persönlichkeit zu stoßen, wird der Verstand an dieser Stelle gebraucht. Er hilft dabei, dass die Vision, die du nun verfolgen möchtest, in dein Leben treten kann. Dass die Veränderung, die du anstrebst, zu deiner Realität wird. Es geht um die Handlungsschritte, die auf dich warten. Damit du aber nicht willkürlich Dinge tust, die dich ganz woanders hinbringen als an dein gewünschtes Ziel, ist es wichtig, einen Plan zu entwickeln. Ich möchte lediglich ein paar Grundpfeiler nennen, die sinnvoll sein können, wenn es um die Etablierung einer Veränderung geht. Dass das Leben manchmal anders läuft als gedacht, ist mir dabei natürlich bewusst und diesen Spielraum möchte ich auch nicht aufgeben – schließlich hält das Leben manchmal in genau diesen ungeplanten Momenten viele Überraschungen bereit. Ich bin ein großer Fan von Flexibilität und glaube sogar daran, dass ein Plan mehr und mehr zufällig beziehungsweise ganz intuitiv in dein Leben treten kann, wenn du dich dem widmest, was dir entspricht und sich richtig anfühlt. Ein Plan hilft dir dabei, deine Vision in Handlungen umzusetzen, die diesen Prozess anstoßen und dich Tag für Tag voranbringen. Nicht immer ohne Rückschläge oder Planänderungen, aber mit einem konkreten Ziel und konkreten Handlungsschritten vor Augen.

Mir ist es wichtig, dass du an dieser Stelle weiterhin erkennst, wie viele Möglichkeiten und Fähigkeiten du hast, ein selbstbestimmtes Leben zu führen. Du bist in der privilegierten Situation, selbst bestimmen zu können, wie dein Leben aussehen soll.

Du bist fähig, Pläne für deine Zukunft schmieden zu können und etwas in deinem Leben zu verändern. Keiner zwingt dich dazu, alles zu machen wie bisher. Keiner zwingt dich überhaupt dazu, irgendetwas zu tun. Selbstverständlich gibt es einige Dinge, von denen wir uns nicht oder nur schwer befreien können. Auf der anderen Seite sind der Großteil der Dinge, die wir täglich tun, kein Muss. Oft denken wir, dass wir sie tun müssen, aber tun wir das wirklich? Ein Plan ist eine Einladung dazu, darüber nachzudenken, was Priorität hat und was wirklich getan werden muss. Er bietet auch die Möglichkeit, zu allem anderen – insbesondere das, was dir nicht gut tut – Nein zu sagen. Statt dich also mit Dingen zu verzetteln, die nicht wirklich zu deiner Leidenschaft oder deinen Stärken gehören oder dich in eine Lage zu zwingen, die sich wie Zeitverschwendung anfühlt, darfst du dir einen Plan machen. Ein Plan ist nach der Vision der zweite Schritt, der dazu führt, dass du die Frau wirst, die du sein möchtest und ein Leben lebst, das ihr würdig ist. Denn noch einmal: Du hast es in der Hand, wie dein Leben verlaufen wird. Zumindest zu einem sehr großen Teil. Du kannst jede Situation, die sich nicht richtig anfühlt, verändern.

Als ich damals vor meinem Studium vor der Entscheidung stand, in welche Stadt es gehen sollte, wollte ich nach München, wo viele der großen Verlagshäuser ihren Standort hatten. Ich hatte bereits eine Wohnung dort und meine Pläne standen fest. Als sich gegen Ende meiner Schulzeit jedoch immer mehr herauskristallisierte, dass mein Vater nicht mehr arbeiten konnte, wussten wir alle nicht, wie es weitergeht – finanziell und natürlich als Familie. Kurzerhand verwarf ich meinen Plan. Zuerst war ich sehr traurig darüber, weil ich mich sehr auf die Stadt, das Studium und die Chance, als Redakteurin zu arbeiten, gefreut hatte. Ich musste mir etwas Neues überlegen und so kam es, dass ich Düsseldorf für mich entdeckte. Ich fand hier einen interessanten Studienplatz, lebte günstiger und vor allem näher an meiner Familie und und noch dazu gemeinsam mit einer meiner besten Freundinnen in einer Wohnung. Auch die beruflichen Möglichkeiten entpuppten sich nicht als einschränkend. Im Gegenteil: Mittlerweile habe ich einen Beruf, der es mir erlaubt, an jedem Ort auf der Welt zu leben. Hätte der Plan besser für mich ausgehen können? Ich glaube nicht. Was mich diese Situation gelehrt hat, sind zwei Dinge: Zum einen, dass ein Plan nicht dazu da ist, mich einzuschränken, sondern lediglich eine Möglichkeit von vielen darstellt, mein Leben zu gestalten. Wenn das Leben mir anders spielt und einen Strich durch meine Rechnung macht, dann lasse ich die Dinge heute laufen. Es kann nämlich sein, dass etwas noch Besseres auf mich wartet, woran ich noch gar nicht gedacht habe. Zum anderen liegt in diesen Situationen immer noch so viel in meiner Hand. Nur weil eine Möglichkeit nicht aufgegangen ist, heißt das nicht, dass es keine Alternativen gibt. Du hast nichts verloren, sondern lediglich neue Chancen gewonnen.

Ich weiß nicht, wie ...

Vermutlich weißt du nach der Arbeit mit den vorherigen Kapiteln nun, was du dir für dein Leben wünschst. Du weißt nun ein bisschen genauer, wer du außerhalb deiner Rollen in der Gesellschaft bist und was gut für dich ist. Nun geht es um die Frage nach dem Wie. Wie schaffst du es, die Vision zum Tragen zu bringen? Vielleicht kennst du den Spruch „Wenn du weißt, was du möchtest, wird das ‚Wie' irrelevant." Diesen Satz würde ich zwar nicht zu 100 Prozent so unterschreiben. Ich würde aber unterschreiben, dass das „Wie" sich oft von selbst ergibt. Und wenn nicht, gibt es einige Strategien, die dich dabei unterstützen können und die du in der EMPOWERED ACTION lernst.

Weil der Prozess des Planens absolute Klarheit darüber verlangt, wohin die Reise gehen soll, beleuchtest du nun alle Kernbereiche deines Lebens. So siehst du, mit welchen Bereichen du bereits sehr zufrieden bist und wo du etwas verändern oder weiter vorantreiben möchtest. Außerdem trägt das Beleuchten aller Bereiche dazu bei, dass du nicht ohne Ziel loslegst, sondern dir sicher sein kannst, alles Wichtige einbezogen zu haben. Aus der Beleuchtung der Lebensbereiche ergeben sich nämlich ebenfalls Konsequenzen für andere Bereiche. Solltest du dich zum Beispiel dafür entscheiden, deine zerrütteten Familienverhältnisse in Angriff zu nehmen und in ein positives Verhältnis zu verwandeln, kann das Einfluss auf andere Bereiche deines Lebens haben. Deine Gesundheit zum Beispiel kann sich deutlich verbessern, wenn der Stress bezüglich deiner Familie nachlässt. Deine Zeit für Bewegung und Sport oder deine Karriere ist dann jedoch für kurze Zeit eingeschränkter. Was genau deine Veränderungen in einem Bereich mit sich bringen, zeigt der Gesamtüberblick.

Dein Leben in sechs Bereichen

Selbstverständlich ist mir bewusst, dass dein Leben aus weit mehr als sechs Bereichen besteht. Diese simple Unterteilung macht es dir aber einfach, deine nächsten Handlungen zu planen und damit abzugleichen, was sich für dich stimmig anfühlt. Vielleicht hast du ein bestimmtes Themenfeld noch gar nicht beleuchtet oder dir wird bewusst, dass es gerade dort etwas gibt, das dir besonders am Herzen liegt. Die Fragen zu Beginn jedes Bereichs schaffen einen groben Gesamtüberblick, was genau in diesen Bereich fällt – hier kannst du dich aber ganz frei fühlen und nach Belieben andere Fragen hinzufügen.

Im zweiten Schritt geht es dann darum, Prioritäten zu setzen.

Nimm dir nun dein Journal zur Hand und notiere alles, was dir relevant in Bezug auf dein Leben und eine mögliche Veränderung erscheint. Hier geht es darum, deine Vision in einen Plan und praktische Schritte zu bringen. Gehe durch die Fragen durch – sie sollen dir nur Anregungen bieten, du musst sie nicht alle ausführlich beantworten. Notiere aber für jeden Bereich genau, was du verändern willst und wie du es tun kannst. Schreibe alle notwendigen Schritte auf. Am Ende wirst du eine Liste haben mit allem, was dich deiner Vision näher bringt.

1. Gesundheit

Wie steht es um deine Gesundheit? Auf einer Skala von 0 bis 10 – wie zufrieden bist du gerade mit deiner Gesundheit? Was tust du tagtäglich, um lange gesund zu bleiben? Kannst du so, wie du deinen Körper jetzt behandelst, dein Leben genießen? Wann hast du dich das letzte Mal wohl und gesund gefühlt? Wie viel hast du dich bewegt? Wie hast du dich in letzter Zeit ernährt? Wie viel hast du geschlafen? Wie sieht dein Alltag aus? Fühlst du dich körperlich, seelisch und mental ausgeglichen? Kommunizierst du offen und ehrlich, wie es dir geht? Achtest du auf deine Grenzen?

Führe dir jetzt deine aktuelle Situation vor Augen, stelle dir die Frage, was sich verändern soll und welche Schritte dahin führen. Schreibe sie jetzt auf.

Im Folgenden möchte ich noch ein paar meiner Gedanken zur weiblichen Gesundheit mit dir teilen. Die Anforderungen an Frauen in unserer heutigen Gesellschaft sind hoch – in vielerlei Hinsicht. Sei es, wie ein Körper auszusehen hat oder mit welcher Selbstverständlichkeit über das Essverhalten einer Frau geurteilt wird (erinnerst du dich noch an mein Beispiel?). Auf eine Sache möchte ich an dieser Stelle besonders hinweisen: Frauen und Müttern wird häufig eine Doppel- oder Mehrfachbelastung zuteil. Damit sind unter anderen der Haushalt, das Großziehen der

Kinder, das Pflegen von Angehörigen und das Planen von Urlauben, des Alltags und von Freizeitaktivitäten gemeint – Stichworte sind hier Mental Load und Care-Arbeit. Diese extra Tätigkeiten, die oft noch neben einem Vollzeitjob ausgeführt werden, gehen auf Dauer nicht nur an die Substanz, sondern sind auch noch unbezahlt. Einer Studie des OECD Development Centre aus dem Jahr 2014 nach verbringen Frauen weltweit im Durchschnitt zwei bis zehn Mal mehr Zeit mit unbezahlter Arbeit als Männer. Diese ungleiche Aufteilung verfestigt selbst heute noch das stereotype Rollenbild von Frauen und Familien. Die Konsequenzen, die sich daraus für Frauen ergeben, sind enorm. Die zusätzliche, unbezahlte Arbeit sorgt dafür, dass Frauen im Job kürzertreten, dadurch Gehalt, Rente, Sozialleistungen und berufliche Verantwortung schmälern. Dennoch ist diese Aufgabenübernahme durch die Frau in vielen Köpfen noch selbstverständlich, vielleicht auch, weil die gesetzlich vorgeschriebene klassische Aufgabenteilung in der Ehe erst 1977 aufgehoben wurde. Eine solche Veränderung braucht oft Zeit, bis sie sich nicht nur auf dem Papier, sondern auch in den Köpfen und in der Lebensweise durchsetzt.

Die Entscheidung ist letztendlich natürlich jeder Frau selbst überlassen. In einer Familie dürfen aber sicher alle in die Verantwortung gebracht werden, damit der Laden läuft. Deine Bedürfnisse sind wichtig genug, um sie offen und ehrlich zu kommunizieren. Vor allem wenn es darum geht, deine Gesundheit zu erhalten und dich selbst weniger zu belasten. Denn jede physische und mentale Belastung schränkt dich darin ein, ein erfülltes Leben zu leben. Wenn du einiges davon abgeben kannst, kann allein das eine große Veränderung herbeiführen. Statt also alle Aufgaben selbstverständlich hinzunehmen, dürfen Wege gefunden werden, wie die Aufgaben fair aufgeteilt werden können. Um dorthin zu kommen, könnten dir folgende Fragen helfen:

1. Wie sieht meine Situation aktuell aus?
2. Was möchte und was brauche ich?
3. Möchte ich etwas verändern und wenn ja, was?
4. Wie kann ich die Situation verändern?
5. Wer kann mir dabei helfen?

Ein Argument, das mir oft zu Ohren kommt ist: „Ich kann diese Aufgaben einfach am besten, keiner kann sie so gut erfüllen wie ich." Wenn dir eine perfekt aufgeräumte Küche oder lupenrein gefegter Boden wichtiger sind als deine anderen Wünsche, go for it. Wenn nicht, lohnt es sich vielleicht, darüber nachzudenken, auch diesen Aspekt in deinen Plan aufzunehmen. Insbesondere wenn deine Vision den Fokus auf andere Dinge gelegt hat, könnte dich zum Beispiel Hilfe im Haushalt von anderen meilenweit nach vorne bringen.

Ich möchte eine zweite Sache beleuchten, weil auch sie dazu führen kann, dass das Bewusstsein dafür eine Veränderung in Bezug auf deine Gesundheit mit sich bringt. Das Thema Gender-Medizin, also die medizinische Beachtung biologischer Unterschiede zwischen Mann und Frau, die bisher nur wenig erforscht ist. Was bekannt ist: Dass Frauen anders erkranken als Männer. Die Feinbauweise der Organe beispielsweise unterscheidet sich. Zum anderen wirken Arzneimittel aufgrund unterschiedlicher Hormone und Wechselwirkungen anders. Dadurch, dass Medikamente fast immer nur an männlichen Probanden getestet werden, können Substanzen, die Frauen helfen, nicht so leicht gefunden werden. Therapien und Behandlungen könnten also durchaus anders aussehen, wenn man nicht das biologische Geschlecht berücksichtigt, sondern den Menschen in seiner Ganzheitlichkeit und Individualität. Der Fakt, dass weibliche Geschlechtsorgane wie die Gebärmutter oder Brüste schneller vorbeugend entfernt werden als männliche, darf uns ebenfalls zum Nachdenken anregen.

Wichtig ist, dass du für deine Gesundheit selbst Verantwortung übernimmst. Dass du deine Grenzen kennst, dich selbst informierst und darauf Acht gibst, was dir und deiner Gesundheit wirklich guttut. Welche Methoden das sind, ist letztendlich dir überlassen, solange du die Entscheidung dazu selbst getroffen (und dich am besten auch von unabhängigen Personen beraten lassen hast).

> **Wichtig ist, dass du für deine Gesundheit selbst Verantwortung übernimmst. Dass du deine Grenzen kennst, dich selbst informierst und darauf acht gibst, was dir und deiner Gesundheit wirklich guttut.**

2. Finanzen

Wie steht es um deine Finanzen? Auf einer Skala von 0 bis 10 – wie zufrieden bist du gerade mit deinen Finanzen? Bereitet dir das Thema Sorgen? Warum? Welche Dinge verstehst du noch nicht? Über welche Themen in diesem Bereich möchtest du dich informieren? Kannst du selbst über dein Geld entscheiden? Hast du jederzeit Zugang dazu? Weißt du, was jeden Monat rein- und rausgeht? Wie selbstbewusst bist du in Verhandlungsgesprächen? Wann und mit wem hast du das letzte Mal offen darüber gesprochen? Wie viele Monate kommst du ohne neues Einkommen aus?

Führe dir jetzt deine aktuelle Situation vor Augen, stelle dir die Frage, was sich verändern soll und welche Schritte dahin führen. Schreibe sie jetzt auf.

In den letzten Jahren haben Frauen immer mehr begonnen, das Thema Finanzen für sich zu beanspruchen. Auch diesem Bereich liegen ehemalige Gesetze zugrunde, die noch nicht sehr lange abgeschafft sind, geschweige denn von allen gelebt werden. Obwohl der Paragraph im Grundgesetz im Jahr 1949 abgeschafft wurde, der es verbat, als Frau ein eigenes Konto zu eröffnen, mussten Frauen in der Realität noch länger warten. Erst im Jahr 1962 konnte die erste Frau in Deutschland tatsächlich ihr eigenes Bankkonto eröffnen. Das könnte ein Grund von vielen dafür sein, warum nicht alle Frauen Verantwortung auch im Bereich der Finanzen für sich übernehmen. Einige Frauen denken, sie würden sich nicht ausreichend auskennen. Wie bei der Gesundheit auch liegt es allerdings in unserer Verantwortung, uns in diesem Thema weiterzubilden. Selbst wenn es manchmal so scheint, ist das Thema nicht kompliziert, dank einiger Frauen und Männer, die sich dem Thema angenommen und es auf verständliche Weise offengelegt haben. Meistens braucht es nur ein wenig Durchhaltevermögen, Zeit und den Mut, sich dem Thema zu stellen. Wir dürfen unsere Privilegien für uns beanspruchen und sie auf aufgeklärte Weise für uns nutzen. Ich selbst weiß, wie wichtig finanzielle Unabhängigkeit ist. Nicht weil ich glaube, dass du nicht in der Lage bist, eine lebenslange, glückliche Beziehung zu führen, wenn du dir das wünschst. Sondern weil jederzeit alles passieren kann. Ich habe es anhand meiner eigenen Familie schmerzlich gelernt und lege seitdem viel Wert darauf, meine eigenen Rechnungen begleichen zu können und Geld für schlechte Zeiten zurückzulegen. Eigenes Geld zu haben bietet dir viele Freiheiten wie einen Job zu kündigen, der dich krank macht, deine eigenen Projekte und Träume zu verwirklichen, zu helfen, wo es nötig ist und dich aus toxischen Beziehungen mit Partner oder Partnerin, Freunden und Familienmitgliedern, von denen du dich gegebenenfalls abhängig gemacht hast, zu lösen.

Wenn es um das aufgeklärte Verhältnis zu deinen Finanzen geht, darf auch der Aspekt des Konsums beleuchtet werden. Täglich werden unzählige Produkte produziert und auf den Markt geworfen sowie Dienstleistungen angeboten. Ich möchte an dieser Stelle nicht in eine grundsätzliche Kritik des Kapitalismus führen, aber ich möchte dir aufzuzeigen, dass es auch hier wieder in deiner Hand liegt, ob und was du wählst. Welche Konsumentscheidungen Sinn machen und was du brauchst, beurteilt jede Person anders. Deine Aufgabe ist es, genau zu selektieren, was davon dein Leben nachhaltig bereichert und dir Freude bringt. Die erste Frage, die ich mir bei jedem Kauf stelle: Ist es meine Lebenszeit wert? Denn schlussendlich habe ich einen gewissen Teil meiner Lebenszeit und -energie eingesetzt, um sie gegen ein Produkt und eine Dienstleistung einzutauschen. Seitdem ich mir selbst immer wieder diese Frage stelle, habe ich das eine oder andere Teil direkt wieder zurück ins Regal gestellt. Einiges jedoch war die Investition definitiv wert, wie ein hochwertiger Laptop für meine Arbeit, der mir durch seine schnellen Prozesse mindestens 30 Minuten täglich erspart. Für andere wäre diese Anschaffung zum Beispiel weniger sinnvoll gewesen, etwa wenn sie selten bis nie einen Laptop benutzen. Statt also streng auf alles zu verzichten, was Freude bereitet, darfst du hinterfragen, was dir keine echte und langfristige Freude bereitet. Zu welchen Dienstleistungen und Produkten sagst du aus vollem Herzen: „Ja, das ist es mir wert!" und welche zählen zu denen, die es dir nicht wert sind?

Jetzt fragst du dich vielleicht, wozu das Ganze gut sein soll. Ganz einfach: Weniger Ausgaben bedeuten, dass du schneller von einem finanziellen Polster profitieren und das Geld für Dinge nutzen kannst, die dir wirklich am Herzen liegen. Das kann ein Motorrad sein, eine Fotokamera oder Tickets, um Freunde und Familie zu besuchen. Oder es können Investitionen in Weiterbildungen oder in deine Karriere

Was auch immer es ist, deine Ausgaben sollten mit deinen Wünschen, Prioritäten und Werten übereinstimmen.

sein. Was auch immer es ist, deine Ausgaben sollten mit deinen Wünschen, Prioritäten und Werten übereinstimmen. Es ist ein bestärkendes Gefühl, zu wissen, wohin das eigene Geld fließt. Zumal Geld „verdienen" in meinen Augen verdient sein soll – und du kannst mit deinem Geld bestimmen, wer oder was es verdient hat. Wessen Leben oder Unternehmenskultur soll dein Geld bereichern?

Auch für das Investieren und Vorsorgen im Alter ist deine finanzielle Bildung wichtig. Ich schätze, dass ich dir nichts Neues erzähle, wenn ich sage, dass es immer noch Gehaltsunterschiede zwischen Männern und Frauen während des Arbeitslebens und in der Rente gibt. Zum einen hat das damit zu tun, dass Frauen oft längere Ausfallzeiten aufgrund der Kinderbetreuung haben, aber auch seltener in Führungspositionen und damit in gut bezahlten Jobs zu finden sind sowie häufig weniger selbstsicher in Gehaltsverhandlungen gehen. Auch wenn einiges davon durch Gesetze und den Einsatz der Politik ausgeglichen werden kann, ist es in meinen Augen wichtig, nicht darauf zu warten, bis hier eine Gleichheit besteht. Erstens könnten wir darauf ziemlich sicher noch lange warten, weil sich Gesetzesänderungen und gesellschaftlicher Umschwung nicht von heute auf morgen ergeben.

> **Auch wenn es anstrengend sein kann und mühsam – dein Einsatz für deine finanzielle Bildung ist wichtig für ein selbstbestimmtes, erfülltes Leben.**

Und zweitens bedeutet das für mich, einen Teil der Verantwortung für mein eigenes finanzielles Glück abzugeben. Auch wenn es anstrengend sein kann und mühsam – dein Einsatz für deine finanzielle Bildung ist wichtig für ein selbstbestimmtes, erfülltes Leben. Lasse nichts unversucht, bilde dich weiter, stehe im Job für dich und für andere Frauen ein und übe dich in Gehaltsverhandlungen. Es gibt zahlreiche Bücher, Podcast und Blogs, die dir ein Grundverständnis über deine Finanzen, Sparen, Versicherungen und das Investieren geben.

3. Beziehungen

Bist du glücklich in deinen Beziehungen? Auf einer Skala von 0 bis 10 – wie zufrieden bist du gerade mit deinen Beziehungen? Mit wem möchtest du dich versöhnen? Was muss schon lange geklärt werden? Mit wem möchtest du deine Zeit verbringen? Wer steht auch in schlechten Zeiten hinter dir? Wer bestärkt dich? Wer zieht dich runter? Wer nimmt nur und gibt nie? Gibst du selbst? Bist du immer ehrlich zu anderen? Was wünschst du dir von einem Partner oder einer Partnerin? Was wünschst du dir von deiner Familie? Was von Freunden? Wie steht es mit deiner Beziehung zur Umwelt?

Führe dir jetzt deine aktuelle Situation vor Augen, stelle dir die Frage, was sich verändern soll und welche Schritte dahin führen. Schreibe sie jetzt auf.

Beziehungen zu Menschen sind wohl der Aspekt, der das Leben vieler am meisten und nachhaltigsten prägt. Im Alltag nehmen wir die Bedeutung kaum wahr, aber wenn es darum geht, die schönsten Momente im Leben aufzuzählen, sind sehr oft andere Menschen involviert oder auch die Umwelt, mit der wir ebenfalls eine Verbindung eingehen.

Dazu möchte ich dich direkt zu einem kleinen Gedankenexperiment animieren: Denke an einen der schönsten Momente in deinem Leben zurück, egal, wie klein und unbedeutend er dir scheint. Greife den ersten Moment, der in deiner Erinnerung auftaucht und achte darauf, ob und wenn ja, welche Menschen involviert sind. Überlege dir dann, welche Art von Beziehungen dein Leben jetzt bereichern sollen. Welche Menschen tun dir gut? Wie behandeln dich diese Menschen? Wie behandelst du diese Menschen? Mit Beziehungen ist eine Partnerschaft genauso gemeint wie Freundschaften, Familie und im weiteren Sinne auch Nachbarn, Lehrerinnen, Mitschüler oder Kolleginnen, weil du mit ihnen vielleicht einen Großteil deiner Woche verbringst. Es gibt ein Sprichwort, dass du die Summe aus den fünf Menschen bist, die dich am meisten umgeben. Das muss nicht stimmen, es könnte aber aufschlussreich für dich sein, zu beobachten, welche Menschen dich am meisten umgeben und beeinflussen.

Beziehungen sind eine sehr komplexe Angelegenheit, so komplex, dass es hier kein Richtig oder Falsch gibt. Ich selbst habe die Erfahrung gemacht, dass sich ein grauer Schleier über dein oder das Glück anderer legen kann, wenn etwas ungeklärt ist. Manche Beziehungen müssen ruhen, um die richtige Zeit zu finden. Manche Beziehungen werden niemals mehr funktionieren und die Wege der beteiligten Menschen werden sich trennen. Manche Beziehungen sind aber vielleicht wirklich wichtig für dich. Für diese lohnt es sich, Stolz abzulegen, wahre Größe und dich verletzlich zu zeigen. Kommuniziere auch hier offen und ehrlich, was du dir wünschst und was du fühlst. Gleich vorab: Ja, du könntest enttäuscht und verletzt werden. Das ist aber immer noch besser, als die ganze Zeit eine offene Frage und ein „Was wäre, wenn?" mit dir herumzutragen.

> Manche Beziehungen sind aber vielleicht wirklich wichtig für dich. Für diese lohnt es sich, Stolz abzulegen, wahre Größe und dich verletzlich zu zeigen.

Ein weiteres Verhalten, das uns im Weg stehen kann, ist der Stolz, nicht vergeben oder verzeihen zu können oder zu wollen. Sowohl sich selbst als auch anderen. Man denke beispielsweise an die zahlreichen Erbstreitigkeiten, die zerstrittene Familien hervorgebracht haben und sich über Jahrzehnte hinstrecken. Die Schwierigkeit daran ist, dass dich eine bestimmte Situation so über Jahre oder sogar Jahrzehnte begleitet und belastet. Und während du einer anderen Person nicht verzeihen kannst, scha-

dest du vor allem dir selbst. Die andere Person wird weitermachen und vielleicht sogar vergessen, was vorgefallen ist. Vielleicht wird sie es sogar bereuen, aber wahrscheinlich lebt sie
ohne große Einschränkungen weiter. Während du die Schmerzen, Verletzungen und die Belastung weiter mit dir trägst,
machst du dir diese Zeit schwer. Schwerer als sie
eigentlich sein müsste. Trage all die Situationen, die du dir und anderen nicht verzei-

**Du wirst die
Vergangenheit nicht
ändern können, aber du
wirst ändern können, wie
es weitergeht.**

hen kannst, nicht mehr mit dir herum.
Lasse sie los. Damit machst du sie nicht
unvergessen oder weniger schmerzlich.
Du befürwortest damit nicht, was geschehen ist, oder räumst Verständnis ein.
Du akzeptierst lediglich den Fakt, dass du
nicht mehr ändern kannst, was passiert ist
und das kann sehr befreiend sein. Mache es für
dich und befreie dich selbst von der Last. Du wirst
die Vergangenheit nicht ändern können, aber du wirst ändern
können, wie es weitergeht. Nutze das zu deinem Vorteil und achte bei deinem Plan darauf, Zeit und Energie für die Beziehungen
einzurechnen, die dir Kraft geben.

4. Beruf

*Wie viel Freude empfindest du, wenn du an deinen derzeitigen Be-
ruf denkst? Auf einer Skala von 0 bis 10 – wie zufrieden bist du
gerade mit deinem Beruf? Welchen Beruf wolltest du schon immer
erlernen? Bist du heute in diesem Beruf tätig? In welchen Bereichen
liegen deine Stärken und in welchen deine Schwächen? Kannst
du deine Stärken in deinem derzeitigen Beruf leben? Wann hast
du dich das letzte Mal im Beruf richtig erfolgreich gefühlt? Wann
überhaupt nicht? Fühlst du dich wertgeschätzt?*

Führe dir jetzt deine aktuelle Situation vor Augen, stelle dir die Frage, was sich verändern soll und welche Schritte dahin *führen*. Schreibe sie jetzt auf.

Im Beruf verbringst du einen Großteil deines Lebens. Der Beruf ist nicht dazu da, um die Zeit von Montagmorgen bis Freitagabend abzusitzen. Mit der Zeit, die während deiner Arbeit verstreicht, verstreicht auch Lebenszeit. Und das Leben besteht nicht nur aus dem Wochenende. Das Leben findet jetzt und jederzeit statt.

Gehen wir davon aus, dass du 45 Jahre lang arbeitest. Ziehen wir das Wochenende, Urlaubstage, eventuelle Krankheitstage und Feiertage ab, sind das rund 200 Tage Arbeit im Jahr. Arbeitest du also 45 Jahre lang, sind das 9.000 Tage und 72.000 Stunden in deinem Leben. Bezieht man dann noch Überstunden, Nebenjobs und die unbezahlte Arbeit mit ein, erhöht sich diese Anzahl noch. Es gilt, diese 72.000 Stunden so zu füllen, dass es sich für dich richtig anfühlt. Die mit Arbeit gefüllten Stunden und das daraus resultierende Geld sollen deine Lebensenergie und deine Lebenszeit wert sein. Es geht hier nicht um die Höhe deines Stundensatzes oder deine Arbeitsstunden. Es geht mir hier um das Konzept, dass Geld oft auf dem Prinzip eines Tauschgeschäfts gegen deine Zeit beruht (auch wenn es hier sehr smarte Geschäftsmodelle gibt, die dieses Verhältnis aufheben). Für die meisten jedoch ist es ein Tauschgeschäft, dessen Kosten deine Zeit und deine Energie fordern.

> **Es gilt, diese 72.000 Stunden so zu füllen, dass es sich für dich richtig anfühlt.**

Warum das Umorientieren im Job so einen schlechten Ruf in der Gesellschaft hat, war für mich schon immer eine große Frage. Wir befinden uns ein Leben lang im ständigen Wandel.

Wir entwickeln uns persönlich weiter, entdecken neue und alte Interessen, können unsere Stärken vielseitig einsetzen. Wir dürfen uns von der Idee verabschieden, dass ein Leben lückenlos und schnurgerade verläuft. Das kann es in den allermeisten Fällen auch gar nicht. Wäre das nicht sogar fast langweilig? Im Leben dürfen wir flexibel sein, uns neuen inneren und äußeren Gegebenheiten anpassen und den Weg gehen, den wir im jeweiligen Moment für richtig und gut halten. Ein lückenloser Lebenslauf zeugt also nicht zwangsläufig davon, dass du alles richtig gemacht hast. Insbesondere dann, wenn du einen Weg gegangen bist, der sich für dich nicht richtig anfühlt. Eine „Lücke" kann auch davon zeugen, dass du mutig warst, die Welt zu bereisen, dir Zeit genommen hast, deinen eigenen Weg zu finden und dir nicht zu schade warst, etwas auszuprobieren und neue Erfahrungen zu machen. Das Leben und vor allem die Karriere ist nämlich nicht zwangsläufig ein Sprint, sondern ein Marathon, an dem du so lange wie möglich Freude haben darfst. In dem du deine Aufgabe und deinen Sinn gefunden hast und der deinen Tag und dein Leben bereichert. In dem du etwas weitergeben kannst, dich erfüllt fühlst und größtenteils das tust, was dich begeisterst. Das bedeutet nicht, dass du immer nur das tust, was dir Spaß macht. Spaß und generelle Freude und Zufriedenheit sind zwei verschiedene Paar Schuhe. Wenn du Freude an einem Beruf entwickelst, machen dir die Aufgaben, die dir weni-

> **Wir dürfen uns von der Idee verabschieden, dass ein Leben lückenlos und schnurgerade verläuft. Das kann es in den allermeisten Fällen auch gar nicht. Wäre das nicht sogar fast langweilig?**

> **Dein Beruf ist dein ganz eigener Weg – es geht nicht darum, was der Markt braucht oder dass du einen perfekten Lebenslauf hast.**

ger Spaß machen, einfach weniger aus. Wähle deinen Beruf nach deinen Stärken und höre darauf, was sich richtig anfühlt. Dein Beruf ist dein ganz eigener Weg – es geht nicht darum, was der Markt braucht oder dass du einen perfekten Lebenslauf hast.

5. Persönlichkeit

Wie zufrieden bist du mit dir selbst? Auf einer Skala von 0 bis 10 – wie zufrieden bist du gerade mit deiner eigenen Persönlichkeit und ihren Facetten? Wie gehst du mit Herausforderungen um? Welche Perspektive hast du auf dein Leben? Wenn du auf dein zukünftiges Leben blickst, was erwartet dich dort? Als welche Person nimmst du dich wahr? Wie offen begegnest du neuen Situationen und Menschen?

Führe dir jetzt deine aktuelle Situation vor Augen, stelle dir die Frage, was sich verändern soll und welche Schritte dahin führen. Schreibe sie jetzt auf.

Auch die persönliche Entwicklung sollte im Plan für dein Leben seinen Platz finden. Häufig denken wir an alles andere außer an uns selbst. Dabei sind wir die einzige Person, die uns unser ganzes Leben begleiten wird – und das können wir von keinem anderen Menschen behaupten. Ist es dann nicht umso wichtiger, auch deine eigene Persönlichkeit mit einzubeziehen, zu verstehen und akzeptieren zu lernen? Jede Persönlichkeit hat so viel Entwicklungspotenzial und so viel zu geben. Wir entwickeln uns als Person sowieso weiter, ob wir wollen oder nicht. Und auch diesen Prozess können wir bewusst steuern und uns in eine Richtung weiterentwickeln, die uns stolz macht und uns entspricht.

Hier noch einige Gedanken zum Thema Persönlichkeit, die dir vielleicht ebenso weiterhelfen können wie mir damals. Die Psychologin Carol Drewck hat sich in ihrer Forschung an der Standfort University dem Thema der psychologischen Denk-

weise und des Mindsets gewidmet. In ihrem Buch „Mindset –
Changing the way you think to fulfil your potential" klärt sie auf,
dass es nicht nur unsere Fähigkeiten und Talente sind, die uns
Erfolg bringen, sondern ob wir ihnen mit einem „fixed mindset" oder „growth mindset" begegnen. Die beiden Formen unterscheiden sich durch ihre Art, wie die Welt und das eigene
Ich wahrgenommen werden. Dieses Konzept finde ich extrem
spannend, weil ich beide Mindsets kenne und gemerkt habe,
wie meine Krankheit und die vielen Veränderungen innerhalb
der Familie dies auch verändert haben. Kurz zusammengefasst:
Im „fixed mindset" wird alles als statisch und nicht veränder-
bar verstanden. Veränderungen sind zwar möglich, aber nicht
deren positive Bewältigung. Im „growth mindset" hingegen
werden Veränderungen willkommen geheißen und integriert.
Zwar könnten sie eine Herausforderung darstellen, aber eine Herausforderung, die man meistern kann. Ein großer Aspekt dieses Meisterns ist die Selbstreflexion. Damit ist im ersten Schritt
das Beobachten deiner eigenen Person gemeint und im zweiten
Schritt das Reflektieren deiner Gefühle, Gedanken und Handlungen. Aber auch das Hinterfragen spielt hier eine Rolle. Was
hier sehr abstrakt klingt, bedeutet, dich selbst zu einer Person zu
machen, mit der du gerne dein Leben verbringst. Die du gerne
auf deinem Lebensweg mitnimmst und die schönsten Erfahrungen mit ihr sammeln kannst. Auch dieses Buch, deine Offenheit
dafür und deine spätere Umsetzung können dazu führen, dass
du dich selbst und deine Persönlichkeit mehr und mehr reflek-
tierst und ein neues Mindset entwickelst.

Hast du dich schon einmal gefragt, warum manche Menschen schwierige Lebenssituationen besonders gut meistern und
andere weniger gut? Das hat mit ihrer Resilienz zu tun. Damit ist
die individuelle Widerstandskraft eines Menschen gemeint,
schwierige Lebenssituationen ohne langfristige Schäden zu über-

stehen. Das hängt mit einigen Faktoren zusammen, wie diese Menschen auf das Leben schauen und auch, wie intensiv sie bereits an sich gearbeitet haben. Menschen mit einer hohen Widerstandskraft im Leben, die Herausforderungen und Veränderung mit scheinbarer Leichtigkeit meistern, akzeptieren vorhandene Probleme und Veränderungen. Durch die Akzeptanz besteht dann die Möglichkeit, mit einem kühlen Kopf an ein Problem oder an eine Veränderung heranzutreten, es im Ganzen zu erfassen und sich den neuen Gegebenheiten anpassen. Eine resiliente Persönlichkeit erkennt auch, dass das Leben immer zwei Seiten mit sich bringt. Es besteht aus Freude und Leid. Die positiven Gefühle und Gedanken überwiegen bei ihnen allerdings, indem sie sich immer wieder bewusst machen, wofür sie dankbar sein können und was gerade in ihrem Leben rund läuft. Das können schon Kleinigkeiten wie die Sonnenstrahlen, nette Kontakte oder eine kleine Geste der Nachbarn sein. Menschen mit einem growth mindset nehmen nicht nur das Leben positiver wahr, sondern auch sich selbst. Sie finden den positiven Blickwinkel auf ihre Eigenschaften und ziehen Stärke aus ihren Fähigkeiten und auch aus ihrem Optimismus. Denn aus ihrer Erfahrung heraus wissen sie, dass sie selbst in vielen Fällen die Kontrolle und Verantwortung übernehmen und die Situation beeinflussen können. Denn positive Veränderungen fliegen dir in der Regel nicht einfach zu. Es sind deine innere Haltung und dein Handeln, die diese mit sich bringen. Insbesondere das Meistern von Krankheiten und anderen herausfordernden Lebenssituationen und Veränderungen trägt dazu bei, dass ein Mensch Resilienz entwickelt. Es ist aber auch möglich, die Resilienz im Alltag zu trainie-

> **Menschen mit einer hohen Widerstandskraft im Leben, die Herausforderungen und Veränderung mit scheinbarer Leichtigkeit meistern, akzeptieren vorhandene Probleme und Veränderungen.**

ren. Bestimmte Gewohnheiten beispielsweise tragen dazu bei, dass du dich als Person weiterentwickelst oder eben nicht. Insbesondere diese Gewohnheiten dürfen in deinem Plan Platz finden. Welche Gewohnheiten sich lohnen fortzuführen, merkst du, wenn du genau beobachtest, wie es dir damit geht. Eine gesunde Ernährungsweise verhilft dir beispielsweise dazu, dass du dich langfristig fit und energiegeladen fühlst, ebenso wie ausreichend Schlaf und Bewegung. Alles, was dir langfristig gut tut, fördert deine Widerstandskraft und gibt dir die nötige Energie und Positivität für Veränderungen.

6. Gesellschaft

Welchen Teil in der Gesellschaft nimmst du ein? Auf einer Skala von 0 bis 10 – wie zufrieden bist du gerade mit deiner Position, deiner Rolle, deinem Engagement in der Gesellschaft? Was ist deine gesellschaftliche Rolle aktuell? Was gefällt dir daran und was nicht? Was darf sich deiner Meinung nach verändern? Was soll unbedingt so bleiben? Zu welchen Teilen der Gesellschaft fühlst du dich besonders hingezogen?

Führe dir jetzt deine aktuelle Situation vor Augen, stelle dir die Frage, was sich verändern soll und welche Schritte dahin führen. Schreibe sie jetzt auf.

Behalte im Hinterkopf, dass dein Leben und damit auch deine Pläne immer in einem großen Ganzen eingebettet sind. Du lebst in einer Gesellschaft, die dich von deiner Geburt an maßgeblich geprägt hat. Das beginnt damit, auf welche Art und Weise und wo du geboren wurdest, wie sich gesellschaftliche Normen und Standards einschreiben und zieht sich bewusst oder unbewusst durch dein ganzes Leben. Aus bestimmten Verpflichtungen, Vereinen oder Gruppierungen kannst du dich lösen, aus anderen nicht, wie dem Schulsystem oder politischen Entscheidungen. Innerhalb einer Gesellschaft kristallisieren sich zudem Werte und Normen heraus. Gegebenheiten, die vom Großteil der Gesellschaft als allgemein wahr anerkannt werden. Ein Beispiel dafür ist das Bild vom Älterwerden in der westeuropäischen Kultur. Gesund und in Würde zu altern ist das, was sich viele von uns wünschen. Doch unsere Gesellschaft macht uns immernoch oft vor, dass das Älterwerden ein Zeichen von Schwäche ist und thematisiert vor allem Unfruchtbarkeit, Wechseljahre, graue Haare oder Falten. Sicherlich nimmt die körperliche Belastungsgrenze ab, aber nicht zwingend die emotionale. Du kannst dich auf dein Alter wirklich freuen! Es gibt viele Beispiele von Damen im höheren Alter, die zeigen, dass das Leben dann noch lange nicht vorbei ist und manchmal gerade erst an Schwung gewinnt. Sie profitieren von ihrer Weisheit und ihren Erfahrungen und nutzen diese für ihren Erfolg.

Die Schriftstellerin, Dichterin, Bürgerrechtsaktivistin der Afroamerikaner in den USA und Professorin Maya Angelou (1928–2014, USA) ist ein gutes Beispiel dafür, wie viel eine Frau auch im hohen Alter noch bewegen kann. Zum Todestag von Nelson Mandela schrieb sie ein Gedicht und veröffentliche es als Videobotschaft im Internet, weil die damals bereits erkrankte Autorin nicht mehr an der Trauerfeier in Südafrika teilnehmen konnte. Ihre Schriften und Reden bewegten bis zuletzt Menschen auf der ganzen Welt. Im Jahr 2013 veröffentliche sie noch ihr letztes Werk, ein Jahr vor ihrem Tod, das die Beziehung zu ihrer eigenen Mutter thematisierte. Beeindruckend, oder?

Maye Musk (1948) zum Beispiel, Mutter von Elon Musk, erzählt in ihrem Buch „A Woman makes a Plan – Advice for a lifetime of Adventure, Beauty and Success", wie ihre Karriere als Model im hohen Alter erst richtig begann und sie ihr Leben als alleinerziehende Mutter von drei Kindern bestritt. Mit 72 Jahren ziert sie ein Magazin-Cover, ist Großmutter von zwölf Enkeln und beschreibt diese Zeit als „*prime time*" ihres Lebens.

Iris Apfel (1921, USA) lebt ihre exzentrische Ader im Alter aus und trägt als Geschäftsfrau, Mode-Ikone und Innenarchitektin, was sie will. Sie kleidet sich stets bunt und auffällig und wird gerade wegen ihres hohen Alters und ihrer extravaganten Auftritte von vielen Menschen geschätzt. Das Metropolitan Museum of Art hat ihr beispielsweise die erste Ausstellung über Mode und Accessoires einer noch lebenden Person gewidmet, die keine Modedesignerin ist.

Diese drei Frauen und noch unzählige weitere zeigen, dass das Leben als Frau in jedem Alter zelebriert werden darf und dass Gesundheit, Schönheit und Lebensfreude nichts mit dem Alter zu tun haben. Was für den Blick auf das Alter gilt, gilt ebenso für den Blick der Gesellschaft auf Sexualität, Geschlechtsidentitäten, Ethnien und vieles mehr. Auch hier ist es in meinen Augen wichtig, erst einmal zu erkennen, dass es in Bezug auf diese Themen einen Standard gibt, der vorgibt, wie eine Gesellschaft darauf blickt und gewisse Verhaltensregeln festlegt. Das fängt dabei an, wie du dich als Mann oder Frau zu verhalten hast, welche sexuelle Orientierung du haben und an welche Traditionen du dich binden solltest. Dass diese vermeintlichen Regeln (oder Normen), nur weil sie als gesellschaftlich anerkannt gelten, richtig sind, darfst du kritisch beleuchten und für dich selbst neu definieren. Auch hier: Einige werden für dich Sinn machen und mit deinen eigenen Werten und Vorstellungen von einem erfüllten Leben konform sein, andere wiederum nicht. Die Beispiele von Maye Musk, Maya Angelou und Iris Apfel, aber auch von Malala Yousafzai, Jane Goodall und Rosa Parks zeigen, wie es aussehen kann, wenn gesellschaftliche Normen hinterfragt und die Regeln neu geschrieben oder interpretiert werden. Diese Frauen haben die zu der Zeit auf dem Teil der Erde allgemein anerkannten Regeln hinterfragt und vor ihrem eigenen Hintergrund als hindernd empfunden. Gleichzeitig hatten diese Frauen den Mut, solche Regeln zu brechen und ihre eigenen zu schreiben.

„You are remembered for the rules you break."

Ich will alles und schaffe nichts ...

Es ist gut möglich, dass du durch die letzten Kapitel viele neue Ideen bekommen hast, wie du dein Leben mehr nach deinen eigenen Vorstellungen leben kannst. Das bringt kleine und große Veränderungen mit sich und kann zur Folge haben, dass du dich auch mal überfordert fühlst. Du möchtest alles auf einmal verändern und am Ende veränderst du nichts – das ist ein Problem, wovon mir bereits viele Menschen berichtet haben. Bei einer solchen Überforderung hilft es, deine Ziele und Wünsche noch einmal genau zu priorisieren. Welche Veränderung hat den größten Einfluss auf das Gefühl, das Leben zu leben, das dir wirklich entspricht? Was deine Motivation dann wirklich aufrecht erhält, sind die kleinen Teilerfolge und kleine, machbare Schritte. Das wohl wichtigste, um nicht überfordert zu sein, ist ein guter Plan, der große Veränderungen in kleine Teilziele und -schritte unterteilt. Je kleiner die Schritte sind, desto wahrscheinlicher wird es, dass du sie direkt erledigst und so deinem Ziel Stück für Stück näher kommst.

> **Das wohl wichtigste, um nicht überfordert zu sein, ist ein guter Plan, der große Veränderungen in kleine Teilziele und -schritte unterteilt.**

Nehmen wir an, du möchtest deine Ernährung nachhaltig umstellen und pflanzlich vollwertig leben, weil dieser Lebensstil zu deiner Vorstellung von einem gesunden, erfüllten Leben und zu deinen Werten passt. Worauf es nun in meinen Augen ankommt, ist nicht, alles ungesunde aus dem Haus zu verbannen und zu hoffen, dass es schon klappen wird. Konkrete Teilschritte verschaffen dir hingegen einen Überblick, was als nächstes zu tun ist. Je konkreter und kleiner diese sind, desto besser. Du kannst zum Beispiel damit beginnen, ein Gericht, das dir sowieso weniger gut schmeckt, durch ein leckeres, pflanzlich vollwertiges Gericht zu ersetzen, um dann Schritt für Schritt weitere Mahlzeiten zu verändern.

„Small steps lead to big results."

Was es ebenfalls in deinem Plan zu berücksichtigen gilt, sind deine Investitionen aus Zeit, Geld und deinem Netzwerk. Diese Planung ist vor allem für all diejenigen wichtig, die (noch) nicht wissen, wie sie die Veränderungen zeitlich, finanziell oder ohne Kontakte durchsetzen können. Ein Unternehmen beispielsweise bekommt einen Businessplan, um zu kalkulieren, welche und wie viele Ressourcen benötigt werden. Hier wird aufgelistet, was die Ziele für die nächsten Jahre sind und wie dementsprechend Zeit, Geld und auch das Netzwerk eingeplant werden, um die Ziele zu erreichen. Auch wenn sich im Verlauf der Unternehmensgründung und des Wachstums einiges ändert und sicher nicht alles so läuft, wie es im Businessplan steht, sind dies Anhaltspunkte, die zu Beginn eine Richtung verleihen. Sie helfen dabei, loszulegen und unsere meist knappen Ressourcen so effektiv wie möglich einzusetzen. Das ist ein gutes Vorgehen auch für deinen privaten Plan vom Glück und nicht nur für Unternehmensgründungen.

Aber welche Dinge und Aufgaben sind die richtigen? Die „richtigen" Aufgaben sind nicht immer die mit dem maximalen Ertrag, der maximalen Effizienz und Gewinnschöpfung. Es sind diejenigen, die dich deinen Zielen näherbringen und gleichzeitig

deinen Werten und deinem *Warum* unterliegen. Du kannst ein
Ziel auf zahlreiche Arten erreichen. Einige Handlungen bringen
dich schnell, aber vielleicht auch nur kurzfristig und womöglich
nicht im Einklang mit deinen Werten ans Ziel. Der andere Weg
dauert manchmal etwas länger, ist dafür aber so konzipiert, dass
er sich für dich richtig anfühlt. Wenn du deine Prioritäten gesetzt
hast, darfst du dir überlegen, wie viel Zeit du für diese Veränderung investieren musst. Ist es deine Zeit wert, dafür
verwendet zu werden, wenn sich deine gewünschte Veränderung daraufhin einstellt?
Stelle dir auch die Fragen, wie viel Zeit du
aufbringen musst und wie du diese Zeit
aufbringen möchtest. Kannst du andere,
dir unwichtiger erscheinende Tätigkeiten aus deinem Alltag streichen und ersetzen? Tätigkeiten, die dir sowieso keine
echte Freude bringen? Das können Treffen
mit Menschen sein, die du gar nicht wirklich
magst, Sprach-, Sport- oder Musikunterricht, der
dir keinen Spaß mehr macht oder Vereinsarbeit, dessen
Werte eigentlich gar nicht deine sind. Räume dir Zeiten ein, um
die Dinge zu tun, die wir wirklich wichtig sind.

Räume dir Zeiten ein, um die Dinge zu tun, die wir wirklich wichtig sind.

Dasselbe gilt für die Finanzplanung deiner Ziele. Manchmal
benötigt es neben Zeit auch eine gewisse Summe Geld, wenn du
eine Veränderung herbeiführen und ein Ziel erreichen möchtest. Mindestens müssen deine Grundkosten zum Leben gedeckt
werden, aber auch das Ziel an sich kann ein bestimmtes Kapital
voraussetzen, zum Beispiel wenn du eine GmbH gründen oder
dir ein Wohnmobil für deine Reise durch Europa kaufen möchtest. Im ersten Schritt solltest du wissen, wie viel Geld du genau
benötigst. Du kommst also nicht darum herum, dir alle Zahlen
genau zu notieren und auszurechnen, welches Budget es braucht.

Sollte das Geld trotz Nebenjob, dem Verkauf von alten Gegenständen, einem ambitionierten Sparplan oder einer Gehaltserhöhung nicht ausreichen, könntest du dir überlegen, ein zunächst kleineres Ziel anzustreben, um von dort Schritt für Schritt weiterzugehen. Wie schon erwähnt ist das Leben kein Sprint, sondern ein Marathon mit vielen Etappen. Dein *Warum* und die Freude an deinem Leben werden dich tragen.

Viele von uns unterschätzen, was für eine wertvolle Ressource unser bereits vorhandenes Netzwerk ist, wenn es darum geht, Veränderungen herbeizuführen und Ziele zu erreichen. Wir alle kennen Menschen, die uns liebend gerne in unseren Vorhaben mit ihren Fähigkeiten und ihren Kontakten unterstützen. Wenn du ganz gezielt bei den Menschen um Hilfe bittest, die dich in einem Schritt unterstützen können, kann dich das viele Schritte nach vorne katapultieren und Frustration ersparen. Vielleicht hast du Geschwister, Freunde, Kollegen, Nachbarn und Bekannte, die dir bei der Finanzplanung deines Wunsches helfen, deren handwerkliches Geschick du bestens gebrauchen kannst oder die dir Fragen zu einem bestimmten Thema mit Freude beantworten. Beziehe sie in deinen Plan ein – und hilf anschließend auch da aus, wo sie deine Hilfe benötigen.

„If it's important to you, you will find a way. If not, you will find an excuse."

EMPOWERED ACTION – Dein Plan
Ziel: Mache deinen Plan so konkret wie möglich

Dein Plan sorgt dafür, dass du deine Vision wahrmachen kannst und weißt, was zu tun ist. Jetzt bist du an der Reihe:

Nimm dir wieder dein Notizbuch zur Hand und priorisiere zunächst deine Ziele und die Veränderungen, die in dein Leben treten sollen. Was soll sich zuerst verändern? Du kannst dich an diesen Schritten orientieren:

Schritt 1: Schaue dir die Vision deiner Zukunft aus der letzten EMPOWERED ACTION sowie deine Veränderungswünsche aus den sechs Lebensbereichen noch einmal genau an.

Schritt 2: Schreibe nun ein bis maximal drei Ziele auf, die dich deiner Vision näherbringen. Wähle die, die dir am wichtigsten sind.

Schritt 3: Schreibe dahinter auf, wie dein Leben aussieht, wenn du diesen Wunsch lebst. Was genau hat sich verändert? Wie fühlst du dich? Hier weitere Fragen zur Orientierung: Was tue ich? Wem helfe ich damit? Wo bin ich? Was umgibt mich? Wer umgibt mich? Wie sieht mein idealer Tag aus? Welchen Tagesrhythmus habe ich? Welche Fähigkeiten habe ich und nutze ich? Was ist mein Impact für die Welt – was trage ich zu einer besseren Welt bei?

Schritt 4: Liste detailliert auf, welche Schritte zu tun sind, damit sich diese Veränderungen einstellen. Liste sie so konkret und kleinschrittig wie möglich auf. So kleinschrittig, dass du mit der ersten Aufgabe direkt loslegen und sie innerhalb von wenigen Minuten erledigen kannst.

Schritt 5: Plane zum Schluss auch deine Zeit, dein Geld und dein Netzwerk ein, wenn du es nicht bereits automatisch getan hast. Schreibe auf, wann du welche Aufgabe erledigen kannst, wie viel Zeit du dafür benötigst und wen du kontaktieren kannst.

Schritt 6: Vergiss nicht, offen für neue Möglichkeiten zu bleiben und flexibel zu reagieren, wenn dir das Leben einen

Strich durch die Rechnung macht. Darin liegt die ganze Freude und die Spannung des Lebens. Oder hast du schon einmal geplant, dich zu verlieben? Eben. Übrigens: Auch bei deinem Plan sind deiner Kreativität keine Grenzen gesetzt. Statt einer Liste darfst du auch ein Mindmap gestalten, ein Journal zur Hand nehmen, zeichnen oder technische Tools verwenden. Wähle die Variante, die dir am besten gefällt und dir am meisten entspricht.

Für das Auflisten und Sortieren von To-Dos gibt es übrigens tolle Online-Tools, die dir begleitend zu deinem Notizbuch die Planung deines Projekts und das Aufteilen von Aufgaben erleichtern. Diese findest du hinten im Buch unter Ressourcen.

EMPOWERED ACTION – 3 Minuten Quickie

Dieser Quickie dauert zwar eher zehn Minuten, aber im Vergleich zur ausführlichen EMPOWERED ACTION weiter oben hast du hier trotzdem einen klaren Zeitgewinn. Wenn du nicht weißt, wo du anfangen sollst, beginne damit, die allerersten, winzigen Handlungsschritte aufzuschreiben, die dich deinem momentan größten Wunsch näherbringen. Brich sie so weit herunter, dass du für den ersten Schritt nicht länger als 10 Minuten brauchst. Wie sieht dieser Schritt aus? Mit welchem kleinen Schritt kannst du jetzt sofort beginnen? Schreibe diesen Handlungsschritt unbedingt auf, weil wir ihn im nächsten Kapitel brauchen!

Ergebnis: Du hast nun ein *Warum*, eine Vision und einen detaillierten Plan, der es dir erlaubt, die ersten Schritte umzusetzen und ins Handeln zu kommen, weil du jetzt genau weißt, was zu tun ist.

„Action expresses priorities."

Mahatma Ghandi

Dein Handeln

Die Grundlage für deine Handlungen hast du mit dem Plan gelegt. Dein Plan ist nun dein ganz persönlicher Fahrplan für Veränderungen in deinem Leben und beinhaltet alle Aspekte, die wichtig für dein Handeln sind. Dennoch ist der Plan nur die halbe Miete. Deine anschließende Umsetzung ist mindestens genauso wichtig. Ohne die Umsetzung ist jeder noch so durchdachte Plan wertlos. Dann sind es lediglich Gedanken und Visionen in deinem Kopf und Aufgaben auf dem Papier. Warum setzen aber dennoch so viele ihre Pläne, Wünsche und Ideen nicht um? Die eigenen Wünsche zu leben, ist etwas völlig anderes als sie nur zu planen. Wenn du dabei bist, einen Wunsch in die Realität umzusetzen, erfordert das manchmal viel Mut, weil du dich in neue Gewässer begibst. Vielleicht fühlst du dich plötzlich unsicher oder denkst, du könntest es nicht schaffen. Du möchtest am liebsten wieder nur noch das tun, was du bereits Jahre zuvor auch getan hast, weil du dich darin sicher fühlst. Du hast vielleicht Angst davor, was andere sagen und dass sie dich verurteilen könnten. Aber wofür sollten sie dich verurteilen? Dafür, dass du auf dem Weg bist, dein Leben so zu erschaffen, wie du es liebst? Selbst wenn es beim ersten, zweiten oder dritten Versuch nicht geklappt hat – du hast Mut bewiesen, dich nicht hinter Ausreden und unwichtigen Aufgaben zu verstecken. Du kannst stolz auf dich sein!

Aller Anfang ist schwer ...

Es ist wahr, die ersten Schritte sind meistens die schwierigsten. Weißt du noch, wie lange du gebraucht hast, um auf deinen eigenen zwei Beinen zu stehen? Vermutlich nicht mehr, aber es dürfte eine ganze Weile und viele Übungsstunden lang gedauert haben. Zu Beginn musstest du immer wieder all deine Kraft sammeln, um erneut aufzustehen ..., um dann wieder hinzufallen. Doch je öfter du das Laufen geübt hast und dich vom Krabbeln ganz langsam in den Stand gekämpft hast, umso sicherer wurdest du. Du hast nicht aufgegeben und hast deine Zähne zusammengebissen. So frustriert du auch gewesen bist, du hattest wahrscheinlich auch deinen Spaß. Diesen Spaß am Ausprobieren dürfen wir behalten, denn das Resultat der langen Übung: Du kannst sicher stehen, gehen und laufen. Hier siehst du: So weit außerhalb deiner Komfortzone wirst du die größten Schritte deines Lernerfolgs machen. Genau hier wirst du über dich hinauswachsen und dich als Person weiterentwickeln. An dieses Gefühl der vermeintlichen Unsicherheit, ich nenne es hier lieber Wachstum oder Veränderung, darfst du dich gewöhnen. Denn wenn du dir eine Veränderung wünschst und die ersten Schritte umsetzt, wird es sich nicht immer nur gut anfühlen – aber nur so lange bis du dich an die Veränderungen gewöhnt hast.

Mir wurde einmal die Frage gestellt, ob ich Veränderungen schon immer gemocht habe. Meine Antwort: Ein klares Nein! Aber mit den Jahren habe ich gemerkt, wie anpassungsfähig ich bin und wie schnell ich mich in neuen Situationen zurecht finde. Und ich behaupte, dass ich damit nicht allein bin. Ich behaupte, dass wir alle enorm anpassungsfähig sind und mit den größten Veränderungen hervorragend umgehen können – solange wir mit Offenheit herantreten und darauf vertrauen, dass wir die Situation meistern werden. Je öfter du im Leben eine Veränderung durchgemacht hast, desto leichter wirst du dich an neue

Situationen anpassen können. Und desto mehr wirst du sie für dein persönliches Wachstum schätzen lernen. Die wohl größte Veränderung in meinem Leben war die Veränderung in meiner Familie in meiner Jugend. Während ich an Magersucht erkrankt war, wusste ich, meinen Vater an Demenz zu verlieren. Kurz darauf zog ich für mein Studium weg und auch das brachte viele Veränderungen mit sich. Ich wusste, ich würde mich anpassen müssen. Bereits geschmiedete Pläne wurden umgeworfen, meine Krankheit wollte besiegt werden und auch sonst würde nichts mehr so sein, wie es einmal war. Und das war auch gut so. Heute ziehe ich meine Stärke aus diesen Veränderungen und weiß, dass ich mit jeglicher Veränderung umgehen kann. Ich weiß jetzt, dass ich alles meistern kann, auch wenn es nicht immer einfach ist – und ich weiß, du kannst es auch. Denn diese Kraft, nach Rückschlägen und Herausforderungen noch stärker aufzustehen, steckt in jeder und jedem von uns.

Alle, die schon einmal ein Fitnessstudio besucht haben, wissen vermutlich, wovon ich spreche: Jedes Mal nach dem Training hatte ich schrecklichen Muskelkater, weil ich plötzlich Muskeln verwendet habe, von denen ich gar nicht wusste, dass sie existieren. Doch je öfter ich sie benutzt habe, desto stärker wurden sie und desto einfacher fiel mir das Training. Fatal wäre es jetzt gewesen, immer mit denselben Gewichten zu trainieren und immer dieselben Übungen auszuführen, wenn ich zu einer sportlichen und fitten Person mit kräftigen Muskeln werden wollte. Nach ein paar Wochen mit demselben Trainingsplan wechselte ich meine Übungen. Dasselbe gilt für dein persönliches Wachstum. Wenn du eine Sache immer wieder getan hast und gut darin bist, darfst du dich an neue Dinge herantrauen und immer weiterwachsen. Fordere dich selbst heraus und verliere den Spaß dabei nicht. Du wirst sehen: Es lohnt sich so sehr!

„You don't have to be great to start, but you have to start to be great."

Motivation wächst nicht auf Bäumen

Eine der häufigsten Suchanfragen auf meinem Blog sind die Tipps für mehr Ehrgeiz und Motivation. Auch ich selbst habe schon danach gegoogelt. Aber ist es nicht paradox, dass wir nach Tipps für mehr Ehrgeiz und Motivation googeln? So als würden wir mehr Ehrgeiz und Motivation im Internet finden. Aber was steckt dahinter?

Motivation und Ehrgeiz sorgen für den nötigen Antrieb, den es braucht, um deinen Plan in die Tat umzusetzen und deine Träume und Ziele Wirklichkeit werden zu lassen. Wir wollen nicht nur kurzfristig motiviert sein, sondern die Motivation beibehalten und in Ausdauer und Durchhaltevermögen umwandeln. Wenn es um Motivation geht, lässt sich zwischen intrinsischer Motivation und extrinsischer Motivation unterscheiden.

Die intrinsische Motivation kommt aus dem Inneren heraus und entsteht aus unserer Neugier heraus, aus emotionalen Anreizen und der Freude am Erfolg. Für die Neugier sorgt deine Intuition, die dir die ersten Ahnungen bezüglich deines Weges gibt und die Lust, bestimmte Dinge auszuprobieren. Den emotionalen Anreiz liefert dir dein *Warum*, weil du damit genau weißt, wofür du es tust. Selbst wenn du noch nicht haargenau weißt, wie du deine Ziele erreichen kannst, muss das deine Motivation nicht bremsen. Manchmal ist die größte Motivation, anzufangen und zu sehen, wie weit man kommt.

Manchmal ist die größte Motivation, anzufangen und zu sehen, wie weit man kommt.

Die extrinsische Motivation hingegen beruht nicht auf dir selbst, sondern kommt von außen. Entweder funktioniert sie positiv oder negativ, also durch Zwang oder Belohnung. Ein Zwang entsteht beispielsweise, wenn dir eine Bestrafung droht. Du hattest damals keine Lust, deine Hausaufgaben zu machen? Die Angst davor, einen Eintrag ins Klassenbuch zu bekommen oder vor der gesamten Klasse bloßgestellt zu werden, hat dich (vielleicht) dazu veranlasst, deine Hausaufgaben trotzdem zu machen. Auf der anderen Seite gibt es das Belohnungssystem als extrinsische Motivation, das ebenfalls häufig in der Schule angewendet wird. Entweder gibt es kleine Sticker oder Stempel, eine gute Note, Anerkennung oder sogar Süßes, wenn du deine Hausaufgaben gemacht hast. Die extrinsische Motivation ist jedoch nur so lange von Dauer, bis die positive oder negative Konsequenz eingetreten ist. Wenn es keine Bestrafung oder keine Belohnung seitens der Lehrer oder Eltern geben würde, gäbe es vermutlich nur ein paar wenige Schüler, die ihre Hausaufgaben machen würden – solche, die genügend intrinsische Motivation haben. Beispielsweise pflegen sie den Wunsch, an einer guten Universität zu studieren, um als Anwalt oder Anwältin für mehr Gerechtigkeit zu sorgen. Da die intrinsische Motivation aus deinem Inneren stammt und selten verschwindet, ist diese die nachhaltigere Motivation. Sie verhilft dir dazu, langfristig am Ball zu bleiben.

Wenn du dich unmotiviert fühlst, kann es unter anderem helfen, noch einmal zu den vorherigen Kapiteln zurückzugehen und deine Neugier, deinen Antrieb und die Möglichkeiten des Erfolgs in Erinnerung zu rufen. Du kannst dir deine Vision täglich vor Augen führen oder deine Antworten in deinem Journal erneut durchlesen. Vielleicht findest du bei dauerhaft fehlender Motivation heraus, dass es eigentlich etwas ganz anderes gibt, das du lieber machen möchtest. Bisher bist du vielleicht einfach nur Zielen gefolgt, die nicht deine waren. Auch das ist eine wertvolle Erkenntnis.

„I survived because the fire in me burned brighter than the fire around me."

Eine Veränderung braucht Mut

Vielleicht hast du schon gemerkt, dass zu einem Leben nach deinen Vorstellungen immer auch eine große Portion Mut gehört. Bereits der Blick nach innen hat eine Menge Mut von dir verlangt und darauf kannst du sehr stolz sein. Nicht alle – besser gesagt die wenigsten – trauen sich, dort genau hinzuschauen. Noch weniger Menschen trauen sich, dann auch wirklich diesen Weg zu gehen. Die Ungewissheit, das Verlassen der Komfortzone und die Angst, es nicht zu schaffen, halten sie davon ab, diesen wichtigen nächsten Schritt zu tun: das Handeln. Die Vision, die direkt aus dem Inneren stammt, ist zu Papier gebracht, der Plan ist geschrieben und nun fehlt nur noch ein Schritt: diesen Plan umzusetzen. Du sammelst deine ganze Stärke und tust das, was es braucht, um deine Vision zur Realität zu machen. Erst mit dem Mut zu diesem Schritt kannst du wirklich etwas verändern. Es braucht deine Handlungen und den Aktionismus, deinen Plan in die Tat umzusetzen. Warte nicht darauf, bis dir jemand die Erlaubnis gibt, etwas zu tun. Warte nicht darauf, bis dich jemand auswählt und dazu auffordert, etwas zu tun. Es wird niemand kommen. Aber du kannst dich selbst wählen und deinen Plan trotzdem in die Tat umsetzen. Es kommt darauf an, dass du

> **Du sammelst deine ganze Stärke und tust das, was es braucht, um deine Vision zur Realität zu machen. Erst mit dem Mut zu diesem Schritt kannst du wirklich etwas verändern.**

genießt, was du tust. Dass du dir nicht nur das
Resultat wünschst, sondern auch den Prozess
dabei. Ich gehe sogar so weit und sage: Jeder Tag, den du auf ein Ergebnis wartest,
ist ein verlorener Tag. Wenn du weißt, **Es kommt darauf an,**
was du möchtest, dann folge dem, pro- **dass du genießt,**
biere es aus und genieße den Prozess der **was du tust.**
Ungewissheit und der Veränderung. Das
ist, was das Leben wirklich aus- und spannend macht. Verschwende deine kostbare
Zeit nicht mit Unwichtigem auf deinem Weg
und sammle die Erfahrungen, die du machen möchtest. Gehe voran, wähle dich selbst und nimm dir, was du dir
wünschst. Schritt für Schritt, Tag für Tag, auch wenn sich die
Schritte für dich winzig anfühlen.

Wenn Angst aufkommt, höre auf deine Intuition

Wenn du den ersten Schritt gewagt hast, dann den zweiten und
dann immer mehr, wirst du vielleicht an einen Punkt kommen,
an dem du am liebsten alles hinschmeißen würdest. Vielleicht
haben dich die letzten Schritte viel Mühe und Kraft gekostet,
vielleicht ist etwas Unerwartetes passiert, vielleicht meldet sich
dein innerer Kritiker zu Wort, vielleicht aber auch kritische Menschen in deinem Umfeld. Finde an diesem Punkt heraus, was es
dir schwer macht, weiterzumachen. Solche Phasen werden immer wieder kommen. Genau hier geht es darum, durchzuhalten
und diese Phasen zu überwinden. Wie das funktioniert? Indem
du annimmst, dass es solche Phasen gibt und dass es völlig okay
ist, auch solche Gefühle zu fühlen. Jeder hat hin und wieder mit
Schwierigkeiten, Müdigkeit, Kraftlosigkeit oder Zweifeln zu tun.
Lass dich nicht entmutigen. Auch hier kannst du den Tag Schritt

für Schritt gehen, dir das geben, was du brauchst, wie zum Beispiel eine Phase der Entspannung, um die Akkus wieder aufzu-
laden oder den erneuten Blick nach innen. In diesen Momenten
kann Zeit für dich helfen, aber auch gute Gespräche oder ein
Ortswechsel. Was du brauchst, kannst nur du sagen und wird
von Mensch zu Mensch unterschiedlich sein. Hör genau hin und
scheue dich nicht davor, dir dann zu nehmen, was du brauchst.
Dann werden auch solche Phasen vorüber gehen. Danach wirst
du mit neuer Energie am Start sein und wieder weiter inspiriert
deinen Weg gehen. Vertraue darauf.

Aber was ist, wenn es meine Intuition ist, die mir sagt, dass
ich nicht auf dem richtigen Weg bin? Das ist eine wertvolle Frage. Sie kommt meistens erst auf, wenn du dich bereits mitten in
der Umsetzung deines Plans befindest. Und sie kann dir große
Erkenntnisse bringen. Die Angst meldet sich dann, wenn du
über dich hinauswächst und einen Schritt wagst, den du vorher
noch nicht gewagt hast. Das ist die Angst, die dich davor schüt-
zen will, Fehler zu machen. Wenn sich aber deine Intuition zu
Wort meldet, dann spürst du sie nicht als Angst mit den dafür
typischen körperlichen Regungen wie beispielsweise schwitzige
Hände, flacher Atem oder eine verengte Brust. Die Intuition meldet sich dann, wenn du dich kurz von den Gedanken in deinem
Kopf befreist und wirklich in dich hinein spürst. Die Intuition
meldet sich oft auf eine andere Weise – die du bereits kennst und
im ersten Teil des Buches kennengelernt hast. Sie sagt dir tief im
Inneren, dass etwas nicht stimmt. Der Grat zwischen beidem ist
schmal. Um die Angst loszulassen und wieder den Zugang zu
deiner Intuition zu bekommen, hilft es, die Angst zuzulassen.
Das klingt erst widersprüchlich, hilft aber dabei, dass dich Gefühle nicht überfordern. Statt sie also wegzuschieben und gegen
sie anzukämpfen, kannst du es dir leichter machen und dir genau
ansehen, was dir Angst macht und wie sie sich anfühlt. Überlege

dir: Wie realistisch ist diese Angst? Was ist das Schlimmste, was passieren könnte? Welche Möglichkeiten gibt es dann? Lass dich von deiner Angst nicht davon abhalten oder deine Pläne sabotieren. Nimm sie mit und gehe weiter deinen Weg.

Nichts ist in Stein gemeißelt – erst recht nicht dein Leben

Du hast dir deinen Weg und die einzelnen Schritte anders vorgestellt oder sie bringen nicht die gewünschten Ergebnisse? Auch das ist normal. Es kann sein, dass sich auf deinem Weg neue Möglichkeiten ergeben, die noch viel besser oder einfach ganz anders sind, als dein Plan dir aufzeigt.

Damals war es mein Plan, für den Beruf als Redakteurin nach München zu ziehen. Ich hatte eine Wohnung, war dabei, mich für ein Studium einzuschreiben, und sammelte die ersten Praktika im Bereich Journalismus. Als mein Vater dann aber krank wurde, war es nicht mehr möglich, meinen ursprünglichen Plan zu verfolgen oder besser: Er hat sich nicht mehr gut angefühlt. Ich wollte in der Nähe wohnen, um meinen Vater besuchen zu können und beim Rest meiner Familie bleiben, zumindest solange, bis wir mehr Klarheit hatten. Schnell wusste ich, dass Düsseldorf meine Wahlheimat wird, weil ich mich hier immer sehr wohl gefühlt hatte. Nach und nach und durch viele glückliche Zufälle konnte ich hier mit einer meiner besten Freundinnen zusammenwohnen, mein Studium beginnen und mich auf meinen Weg in die Selbstständigkeit machen. Wer weiß, ob sich mein Weg mit all seinen Möglichkeiten so ergeben hätte, wenn ich an meinem Plan festgehalten hätte?

Was ich daraus gelernt habe: Halte nicht an etwas fest, das nicht (mehr) passt, sondern ergreife deine Chancen. Du wirst erstaunt sein, wie viele Möglichkeiten sich ergeben, wenn du dich erst einmal auf deinen Weg gemacht hast. Wenn du mit offenen Augen durch die Welt gehst, mit Menschen sprichst und deine Vision teilst, tun sich Möglichkeiten auf, von denen nicht nur du selbst, sondern auch andere profitieren können. Erst deine Flexibilität macht deinen Plan und deine Handlungen wirklich produktiv.

Halte nicht an etwas fest, das nicht (mehr) passt, sondern ergreife deine Chancen.

Einige Tipps können dir weiter dabei helfen, deinen Fokus auch bei unerwarteten Situationen und neuen Entscheidungen nicht zu verlieren:

1. Deine Focus Time Slots

Je nachdem wie dein Alltag aussieht, hast du deine eigenen Zeiten, in denen du dich gut konzentrieren und deinen Plan umsetzen kannst. Finde heraus, welche das bei dir sind, indem du ausprobierst und beobachtest, wann du dich besonders fit fühlst. Bist du ein früher Vogel, eine Nachteule, brauchst viele Pausen oder arbeitest lieber an einem Stück? Für mich ist Focus Time insbesondere früh morgens oder spät abends, wenn ich Aufgaben machen möchte, die meine Konzentration und meinen Fokus brauchen. Dann werde ich nicht gestört und komme schnell in meinen Flow. Außerdem liebe ich das Gefühl, wenn die Welt gerade erst aufwacht oder sich langsam in die Nacht verabschiedet – die Ruhe hilft mir, mich zu fokussieren. Mit der richtigen Musik kennzeichne ich diese Zeitfenster für mich. Je nachdem wie viel Zeit ich investieren möchte, stelle ich einen Timer für die Musik und lege mein Smartphone weit weg. Ich schalte das Internet an meinem Laptop ab (zumindest wenn ich es nicht brauche) und ziehe mich in der festgelegten Zeit zurück. Diese Zeit ist so fest in meinem Terminkalender eingeplant wie ein

Arzttermin. Und wenn ich wirklich nicht kann, verschiebe ich den Termin, lasse ihn aber auf keinen Fall ausfallen. Das gibt mir ein paar Stunden wirklich konzentrierte Arbeit pro Woche und bringt mich meinen Zielen näher. Dieses Buch habe ich beispielsweise vor allem früh morgens oder spät abends geschrieben. In diesem Zeitraum hat mich niemand gestört und ich konnte das Gefühl nutzen, ganz in Ruhe für mich zu schreiben. Meine Ergebnisse und meine Fortschritte halte ich dann in einer App fest, die mir die Planung erleichtert. Welche Apps ich dir dafür empfehlen kann, verrate ich in den Ressourcen hinten im Buch.

2. Partner in Crime

Immer, wenn ich etwas mehrmals versuche und einfach nicht schaffe, suche ich mir einen Partner in Crime, also eine zweite Person, die mich bei meinem Plan unterstützen kann. Ich habe aufgehört, mich darüber zu ärgern, etwas zum wiederholten Mal nicht zu schaffen. Stattdessen hole ich mir Hilfe. Ich suche mir eine Person, die ebenfalls ein Ziel erreichen möchte oder vielleicht sogar dasselbe Ziel hat.

Ein Beispiel: Ich wollte unbedingt früher aufstehen, um an meinen Projekten zu arbeiten, aber ich habe es einfach nicht geschafft, den Snooze Button zu ignorieren und direkt aufzustehen. Ein Freund hatte dasselbe Ziel und so haben wir uns jeden Morgen um die vereinbarte Uhrzeit eine kurze Nachricht geschickt, um zu beweisen, dass wir wach waren. Einfach, aber effektiv.

Ähnlich ging es mir und den anderen Frauen unserer früheren WhatsApp-Gruppe. Mit vier Frauen haben wir uns jede Woche zu einem festen Termin auf den aktuellen Stand gebracht, unsere Ziele geteilt, über Ideen diskutiert und uns gegenseitig inspiriert. Das hat uns alle weitergebracht und noch heute zehren wir von dieser Erfahrung.

Es ist toll, sich zurückzuerinnern, wo man noch vor wenigen Monaten stand und nun zurückblickt. Ein wichtiges Learning hierzu war für mich: Du musst nicht immer alles allein schaffen.

Du musst nicht immer alles allein schaffen.

3. Orte der Produktivität

Für die Phasen, in denen ich an meinen Projekten arbeite, suche ich mir am liebsten ganz bestimmte Orte, die dafür vorgesehen sind. Das sind Orte in meiner Wohnung, aber auch außerhalb davon an schönen Stellen in meiner Stadt. Im Sommer sind es der Park oder das Ufer des Rheins, im Winter gemütliche Cafés oder Coworking Spaces. Für meine Projekte suche ich möglichst immer dieselben Orte auf, an denen ich mich nur oder vor allem aufhalte, wenn ich produktiv sein und ins Handeln kommen möchte. Innerlich stelle ich mich an diesen Orten darauf ein, dass es nun Zeit ist, meine Träume zu verwirklichen und mich zu konzentrieren. Hier richte ich es mir so ein, dass ich nur wenig abgelenkt bin. Mit den richtigen Möbeln wie einem bequemen Stuhl, einem Kissen im Rücken, Noise-Cancelling-Kopfhörer und Düfte für mehr Konzentration bin ich mental und körperlich bereit für die Fokusphase. Auch lange Zeiten im Zug oder im Flugzeug nutze ich, um Aufgaben zu erledigen, Ideen zu sammeln, neue Pläne zu schmieden oder mich mit Büchern, Podcasts und Hörbüchern weiterzubilden. Mein Journal ist immer dabei, um flüchtige Gedanken und Ideen festzuhalten, die mir während dieser Fokusphasen kommen. Um mich nicht zu sehr von anderen Gedanken ablenken zu lassen, notiere ich hier alles, was gerade nichts mit meiner Arbeit zu tun hat.

4. Dates mit dir selbst

Ich habe regelmäßig Dates – mit mir selbst. Diese Treffen nutze ich dazu, um mich selbst zu treffen und zu reflektieren. Dazu benutze ich meistens mein Journal und stelle mir die Fragen, die du bereits im ersten Teil des Buches für dich beantwortet hast. Ich stelle mir diese und ähnliche Fragen immer wieder und halte mir meine Vision von einem erfolgreichen Leben nach meinen Maßstäben vor Augen. Im Alltag und während der Arbeit geht die Zeit nach meiner Erfahrung schnell vorbei oder rückt in den Hintergrund. Dabei sind mein *Warum* und meine Vision die beiden größten Antriebe für mich. Mit den Dates mit mir selbst schöpfe ich neue Inspiration. Ich erinnere mich daran, wofür ich das alles mache und prüfe, ob ich mich noch auf meinem Weg befinde. Ich bereite mich auf bevorstehende Entscheidungen und To-Dos vor, spüre nach, was mir fehlt und wovon ich noch mehr in mein Leben bringen möchte. Ich gehe meine einzelnen Lebensbereiche durch und prüfe, ob ich mich gut damit fühle. Diese Zeit nutze ich nicht als Arbeitszeit, sondern als Zeit für mich zur Reflexion. Auch das kann enorm produktiv sein, weil es mir dabei hilft, mich gleichzeitig mit mir zu verbinden und eventuell neu auszurichten. Auch du kannst prüfen und hinterfragen, wo du gerade stehst, mit welchen Dingen du bereits sehr zufrieden bist und was es braucht, damit du auch in anderen Bereichen glücklicher wirst. Das darfst du regelmäßig tun, um dich langfristig glücklich zu fühlen und deinen eigenen Weg zu gehen. Das Date mit dir selbst kann auch dazu dienen, deine Vision zu festigen und weiter zu verinnerlichen. Du kannst sie erneut aufschreiben, aufzeichnen oder sogar aufsprechen. Du kannst beispielsweise mithilfe von Meditation deine Vision visualisieren und sie damit noch weiter verankern. Welche Meditationen ich dir empfehlen kann, erfährst du in den Ressourcen hinten im Buch.

5. Mentoren-Dates

Genauso regelmäßig wie die Dates mit mir selbst habe ich Dates mit Mentoren, also Menschen, die mich im Allgemeinen oder in einer bestimmten Sache unterstützen und meine Vorbilder sind. Das sind zum einen Dates mit Mentoren im echten Leben. Menschen, die bereits dort sind, wo ich sein möchte oder mehr Lebenserfahrung haben als ich, haben mir bereits wertvolle Tipps gegeben. Ich persönlich gewinne dadurch immer viel Zuversicht. Diese Gespräche und die gemeinsame Zeit geben mir neue Kraft und auch den Glauben daran, dass ich schaffen kann, was ich mir wünsche.

Die Dates müssen aber nicht zwingend mit „echten" Mentoren sein. Es können auch deine imaginären Mentoren sein oder Personen, die du bewunderst, aber nicht persönlich kennengelernt hast. Eine Freundin hat mir den Tipp eines imaginären Vorstands gegeben. Dieser Vorstand besteht aus Frauen, die sie bewundert. Wenn sie vor einem Problem steht, befragt sie ihren Vorstand dazu und fragt sich, was wohl jede einzelne Frau dazu sagen und tun würde. Dieser Tipp hat mir seither schon einige Male geholfen, eine Situation von mehreren Seiten zu betrachten und daraus meine eigene Lösung zu kreieren. Zu den Mentoren-Dates gehören selbst Podcastfolgen, Bücher, Videos oder Online-Kurse mit Menschen, die mich inspirieren. Ich nehme mir möglichst ganz bewusst die Zeit, alles aufzunehmen, was sie sagen, statt mich nur berieseln zu lassen.

Es ist beachtlich, wie viele Inhalte du komplett kostenlos oder für wenig Geld bekommst, wenn du genau hinhörst und ernst nimmst, was sie zu sagen haben. Der große Vorteil unserer Zeit ist, dass wir Zugang zu nahezu allem und jedem haben. Es gibt so viel Wissen, das innerhalb weniger Klicks zugänglich ist. Selbst der persönliche Kontakt zu deinen Vorbildern ist oft nur wenige Klicks entfernt und du hast die Möglichkeit, dich mit vielen von ihnen über Soziale Netzwerke zu verbinden.

Deine Chancen-Brille

Nie war es einfacher für Menschen in westeuropäischen Ländern, Ressourcen zu nutzen, Bildung zu erhalten und Neues zu lernen. Während im Internet, in der Globalisierung und in der ständigen Vernetzung selbstverständlich auch Gefahren stecken, sind dadurch zahlreiche neue Chancen entstanden. Die Chance, von Menschen auf der ganzen Welt zu lernen, Gedanken zu verbreiten, Bewegungen zu initiieren und kleine und große Veränderungen einzuleiten. Egal, für welches Thema, welche Kultur oder welche Bewegungen du dich interessierst, im Internet findest du immer Gleichgesinnte.

Kannst du dich noch daran erinnern, wie ich unter dem Hashtag #girlboss andere Frauen gefunden habe, die gedacht haben wie ich? Es war zwar nicht ganz einfach, Frauen aus Deutschland darunter zu finden, die diesen Hashtag ebenfalls verwendet haben, aber ich habe sie gefunden und das hat zu unserer WhatsApp-Gruppe geführt – der Kontakt besteht bis heute. Daran sieht man, wie machtvoll das Internet sein kann und wie einfach es uns gemacht wird, uns zu vernetzen. Halte die Augen auch während der Umsetzung deines Plans dafür offen.

Dabei passiert besonders viel Positives, wenn du um dich blickst und dich austauschst. Mein Plan hat eine WhatsApp-Gruppe zum Austausch nicht vorgesehen, als ich meinen Blog im Jahr 2016 gestartet habe. Weil wir aber dieselbe Mission verfolgten, nämlich Frauen dabei zu unterstützen, ihre Ziele zu verfolgen, landete eines Tages eine E-Mail in meinem Postfach. Diese E-Mail war so berührend und einladend, dass ich unbedingt dabei sein wollte – ich glaubte daran, dass es für alle eine positive Erfahrung werden würde. Und so hat sich kurzerhand eine Möglichkeit ergeben, die mein *Warum* und meine Werte unterstützte, an die ich aber selbst noch gar nicht gedacht habe. Diese Momente sind es, in denen das Leben seinen eigenen Regeln folgt und dir genau gibt, was du dir wünschst. In einer Art und Weise, die fast besser ist als der Plan, den du geschmiedet hast. Vertraue darauf, dass neben deinen eigenen Ideen die richtigen Menschen, Situationen und Chancen auf dich zukommen werden. Wenn es soweit ist, darfst du dann auf dein Inneres hören, ob es sich gut anfühlt. Eine Möglichkeit, die dein Leben und das Leben anderer bereichert, wird sich richtig anfühlen. An diese Chancen und Möglichkeiten zu glauben, nennt man Vertrauen ins Leben.

Vertraue darauf, dass neben deinen eigenen Ideen die richtigen Menschen, Situationen und Chancen auf dich zukommen werden.

„Wer immer tut, was er schon kann, bleibt immer das, was er schon ist."

Wenn es mal nicht weitergeht

Während du nun die Schritte umsetzt, die es benötigt, damit du deiner selbstbestimmten und erfüllten Vision von deinem Leben folgen kannst, wirst du an der einen oder anderen Stelle vermutlich auch mal nicht weiterkommen. Du versuchst alles, um von der Stelle zu kommen, aber weißt einfach nicht, wie du weitermachen sollst. Das geht allen irgendwann so. Vielleicht hattest du vor, eine Website zu gestalten und warst dann kurz davor, alles hinzuschmeißen. Glaube mir, ich kenne das Gefühl. Die Technik macht dir einen Strich durch die Rechnung, die Texte bereiten dir Kopfzerbrechen oder die Datenschutzverordnung raubt dir den letzten Nerv. Bei jeder Veränderung, bei jedem Projekt und bei jedem Teilschritt können dich solche Herausforderungen daran hindern, den nächsten Schritt zu tun. Aber was kannst du dann tun?

1. Lass dir helfen

Mit Sicherheit bist du nicht die erste, die vor der Herausforderung steht, vor der du nun stehst. Es gibt immer Menschen, die diese Herausforderung bereits in der gleichen oder einer ähnlichen Form gemeistert haben. Frage diese Menschen nach ihren Tipps und Lösungsansätzen. Finde heraus, wie sie die Herausforderung angegangen sind. Wenn du beispielsweise ein Unternehmen gründen möchtest, befrage Personen, die das bereits getan haben, lies Interviews und Bücher von Gründern und Gründerinnen. In der Regel teilen die Menschen ihre Geschichten gern. Freust du dich selbst nicht auch, wenn du in einer Sache um Rat gefragt wirst? Wir dürfen den Stolz und das Gefühl ablegen, dass wir alles allein können müssen – und dass etwas nur gut genug ist, wenn wir es allein gemacht haben. Wir dürfen smarter werden und um Hilfe fragen.

2. Recherche

Du musst nicht zwingend warten, bis du vor einer Herausforderung stehst, um dir Wissen anzueignen. Du kannst es auch im Vorfeld tun und von diesem Wissen profitieren, wenn es soweit ist. Je nachdem in welchem Bereich du dir Wissen aneignen willst, sind verschiedene Quellen hilfreich. Geht es um rechtliches Wissen oder Wissen für wissenschaftliche Arbeiten, ist es klar, dass hier nur sehr fundierte und offizielle Quellen, also insbesondere Primärquellen, zurate gezogen werden sollten. Geht es aber um erfahrungsbasiertes Wissen oder Fragen nach deinem Weg und deiner Lebensführung, gibt es meistens nicht die eine Antwort. In diesen Fällen können Gespräche mit anderen Menschen, Interviews in Podcast-, Video- oder Buchform oder (Auto-)Biographien weiterhelfen. Diese Quellen geben oft viel Aufschluss darüber, wie Personen gewisse Herausforderungen gemeistert haben. Hier wirst du sicher viele Antworten auf deine Fragen finden, wenn auch sehr unterschiedliche. Aber genau das hilft dir dabei, zu verstehen, dass es nicht zwingend den einen Weg gibt, sondern du aus vielen wählen kannst. Am Ende zählt, dass du dich gut damit fühlst und es sich für dich nach dem richtigen Weg anfühlt.

3. Erfahrung

Das Sprichwort „Probieren geht über Studieren." hat auch etwas Wahres an sich. Vor allem bei Fragen, die dir kein Buch, kein Video-Tutorial und auch keine andere Person beantworten kann, gilt es, einfach auszuprobieren.

Als es darum ging, eine Community rund um das Thema Female Empowerment aufzubauen, wusste ich überhaupt nicht, wo ich anfangen sollte. Ich kannte niemanden, der das vor mir gemacht hatte, den ich hätte fragen können und habe mir so ziemlich jegliches frei verfügbare Wissen zu diesem Thema angeeignet. Letztendlich war es aber doch eine Frage des Ausprobierens. Dabei ist mir aufgefallen, dass sich einige Strategien als sehr nützlich erwiesen, wie zum Beispiel regelmäßig persönliche Kontakte zu pflegen, um im engen Austausch zu bleiben. Von anderen Strategien sah ich gerne ab, zum Beispiel dem willkürlichen Verteilen von Visitenkarten in Stapeln von Kleidung in Bekleidungsgeschäften. Ich habe einiges ausprobiert, was ich mir selbst gewünscht hätte und einiges, was andere empfahlen. Denn all das Wissen bringt dir nichts, wenn du es nicht anwendest und ausprobierst. Was für die eine funktioniert, muss für die andere nicht zwangsläufig auch passen. Indem du mehrere Wege ausprobierst, wirst du deinen passenden finden.

Du kannst und musst vor allem auch nicht alles wissen. Dir das Wissen anzueignen, das du für dein neues Leben und eine Veränderung brauchst, ist durch unsere globalisierte Welt einfacher denn je. Verlasse dich nicht nur auf eine Person oder ein Buch, sondern hole dir mehrere Sichtweisen ein. Bei einer OP holst du dir wahrscheinlich auch erst die Meinung von mindestens zwei Ärzten ein, bevor du einen großen Eingriff machen lässt. Ich selbst gehe gerne noch einen Schritt weiter und frage die Experten, was sie selbst tun würden. Nicht an meiner Stelle, sondern, wenn sie selbst in einer solchen Situation wären. Ich habe mir angeschaut, ob die Ärzte meines Vertrauens einen Organspende-Ausweis besitzen, ob sie ihre Kinder geimpft haben und im Falle meines Zahnarztes, welche Füllung er für seine Zähne verwendete. Bei großen Entscheidungen dürfen wir uns Meinungen einholen und am Ende die Entscheidung aus uns heraus treffen – mit dem nötigen Wissen, unserem Verstand und unserem Gefühl.

Hinfallen und Aufstehen

Auch wenn mal etwas schiefgehen sollte, darfst du eine gewisse Freude daran entwickeln, hinzufallen und Fehler zu machen. Fehler sind nichts, das uns Angst machen sollte. Sie sind etwas, das uns stärker, erfahrener und weiser werden lässt. Ein Fehler auf deinem Weg ist lediglich eine neue Erfahrung, die du gemacht hast. Nimm dir die Zeit, diese Fehler zu machen. Wir denken so oft, dass wir keine Zeit haben. Und in gewisser Weise ist das Leben kurz, auch wenn wir das Glück haben, zwischen 70 und 100 Jahre alt zu werden. Aber Fehler sind keine Verschwendung der Zeit. Fehler sind Fortschritte, weil du lernst, wie etwas nicht funktioniert. Auf deiner Lebens- und Erfahrungslinie, wenn man sie linear betrachtet, bist du ein kleines bisschen weiter gerückt. Nicht zurück, sondern nach vorne. Du bist um eine Erfahrung reicher geworden. Erfahrung ist Wissen und Wissen ist Fortschritt. Wir dürfen geduldiger mit uns werden.

Aber Fehler sind keine Verschwendung der Zeit. Fehler sind Fortschritte, weil du lernst, wie etwas nicht funktioniert.

„Failure is not the opposite of success, it's a part of it."

Dein Leben ist kein Sprint, sondern ein Marathon

Es tut gut, sich des Faktes bewusst zu werden, dass das Leben nicht unendlich ist und dass wir das Privileg haben, es zu leben. Wir alle hatten das Privileg, überhaupt geboren zu werden. Das Beste aus dieser Zeit hier zu machen, ist also das Mindeste, das wir tun können – für uns selbst und für andere. Mit diesem Gedanken im Hinterkopf scheint die Zeit nur so zu rennen. Die Tage unseres Lebens verfliegen und paradoxerweise haben wir gleichzeitig so viel Zeit, die wir nutzen können. Es ist der Weg, auf den wir am Ende zurückblicken und der unser Leben ausgemacht hat, nicht das Ziel. In unserer heutigen Gesellschaft geht es oft darum, in kürzester Zeit höher, schneller und weiter zu kommen und dabei alle anderen zu überholen. Hat man mit dieser Einstellung aber wirklich andere überholt? Oder hat man sich selbst die Zeit genommen, das Leben in vollen Zügen zu genießen und Erfahrungen zu machen, die einem eigentlich am Herzen liegen? Diesen Gedanken berücksichtige ich in meinem eigenen Plan. Zwar ist es toll, wenn ich an einigen Tagen besonders viel von meinem Plan schaffe, aber es ist eben nicht immer möglich oder machbar. Dann sind es die kleinen Schritte, auf die ich mich fokussiere. Vielleicht war es ein Telefonat mit einer Person, die sich auch für Female Empowerment einsetzt und das auf meinem Plan stand, oder ein Social Media-Posting, eine Änderung an der Website, die ewig auf der Liste stand, ein Kundengespräch, der Schnitt einer neuen Podcastfolge, eine Interviewvereinbarung, Recherchen zu einer offenen Frage, eine Entscheidung, die ich lange mit mir herumgetragen habe oder die Teilnahme an einem virtuellen Networking-Event. Es sind diese kleinen Schritte Tag für Tag, die mich langfristig meiner Vision näherbringen – denn mit jedem dieser Schritte schaffe ich es, meine Vision des Buches beispielsweise oder der Online-Community in die Realität zu bringen. Wenn auch nicht an einem Tag – aber dafür Schritt für Schritt und jeden Tag ein bisschen mehr.

Wenn ..., dann ...

Manchmal glauben wir, dass wir erst so richtig glücklich sein können, wenn wir etwas bestimmtes erreicht haben. Ein Haus, ein Auto, ein Job mit Prestige, ein bestimmtes Einkommen, eine bestimmte Figur, der nächste Titel, mit einer teuren Tasche oder Uhr am Arm und so weiter. Dann haben wir es geschafft, so denken wir, und können endlich glücklich sein. Abgesehen davon, dass solche Dinge grundsätzlich nicht verwerflich sind, sind wir es, die den Dingen eine Bedeutung geben. Die Frage ist: Welche Bedeutung wollen wir ihnen geben? Welche Wege sind wir bereit, dafür zu gehen und welche nicht? Und sind wir auf dem Weg dahin bereits zufrieden und erfüllt? In diesem Buch zum Beispiel geht es darum, sein Leben zum Positiven zu verändern. Ab wann aber tritt die Veränderung ein, sodass wir uns endlich gut fühlen? Wenn wir darauf warten, etwas zu erreichen und uns bis dahin nicht erlauben, die Menschen, Dinge und Situationen zu würdigen und zu genießen, die uns gerade begleiten, hat das Buch seine Aufgabe verfehlt. Ja, wir dürfen unser Leben selbst in die Hand nehmen und Einfluss auf die Gestaltung unserer Zukunft haben. Aber wir dürfen auch dankbar sein für alles, was wir bereits jetzt schon sind und haben. Du bist kein Mensch, der erst etwas sein oder werden muss, um glücklich sein zu dürfen. Du bist ein Mensch, der jetzt schon alles ist, besitzt und mitbringt, um glücklich zu sein. Und gleichzeitig darfst du den Wunsch pflegen und daran arbeiten, dich immer weiterzuentwickeln. Beides ist ein Teil deines Weges.

> **Du bist ein Mensch, der jetzt schon alles ist, besitzt und mitbringt, um glücklich zu sein.**

Die Menschen, die das verstanden haben, gehen für mich wirklich erfolgreich durch ihr Leben. Sie zweifeln nicht daran, dass sie gut genug sind. Sie wissen, dass sie genau richtig sind, wie sie sind, und sie genießen den Weg. Und sie wissen, dass sie hier sind, um sich weiterzuentwickeln. Sie wissen, dass das Leben kein Sprint ist, sondern ein Marathon – mit all seinen schönen Momenten, den Höhen und auch den Rückschlägen. Das Erreichen von Zielen bringt Zufriedenheit und Erleichterung, nicht immer ein langanhaltendes Gefühl der Erfüllung und des Erfolgs. Diese beiden Gefühle entstehen dann, wenn du das tust, was sich für dich richtig anfühlt.

EMPOWERED ACTION – Deine Handlungen

Ziel: Komm ins Handeln und setze mindestens den ersten Schritt deines Plans um.

Das Ziel dieser EMPOWERED ACTION ist, endlich ins Handeln zu kommen. Vermutlich sitzt du schon auf heißen Kohlen und möchtest endlich loslegen, deine Vision zur Realität werden zu lassen. Wenn du die EMPOWERED ACTION zu deinem Plan noch nicht gemacht hast, darfst du das nun schnell nachholen. Diesen Schritt brauchen wir, um nun weiterzumachen.

Die ersten Schritte

Schritt 1: Nimm nun deinen Plan aus der letzten EMPOWERED ACTION zur Hand und erledige täglich mindestens einen Handlungsschritt. Du hast eine Aufgabe erledigt? Streiche sie genüsslich durch oder mache einen Haken dahinter, um zu sehen, wie viel du bereits erledigen konntest.

Schritt 2: Feiere deinen Erfolg!

Weil es vermutlich keiner für dich tut, feiere deinen Erfolg selbst. Klopfe dir auf die Schulter, gehe ins Kino, mach dir einen Cocktail, gönne dir ein heißes Bad oder schreibe dir selbst eine liebe Nachricht, wenn du einen Schritt deines Planes erledigt hast. Was für dich ein großer Schritt ist, wird von vielen gar nicht unbedingt als solcher wahrgenommen. Andere Menschen machen sich häufig viel weniger Gedanken um uns und unsere Handlungen als wir denken. Gleichzeitig können sie auch nicht immer nachvollziehen, was die einzelnen Schritte und Meilensteine für dich bedeuten. Also feiere deine Erfolge selbst und übersieh sie nicht, denn sie sind es, die dir dauerhaft den

Antrieb verleihen, weiterzumachen. Außerdem gewinnst du durch kleine Erfolge immer mehr Selbstvertrauen, weil du merkst, wie viel du selbst bewirken kannst. Ganz konkret bedeutet das für dich: Am Ende jedes Tages schaust du auf deine Liste und auf die bereits abgehakten To-Dos. Du machst dir bewusst, dass du deiner Vision damit ein Stück nähergekommen bist und belohnst dich.

Kleiner Tipp: Es schadet auch nicht, sich eine vertraute Person ins Boot zu holen, die dich anfeuert und deine Erfolge mitfeiert. Sei es deine Partnerin, dein bester Freund oder ein Elternteil – es tut immer sehr gut, eine Unterstützerin oder einen Unterstützer zu haben, der oder die mit dir feiert!

Schritt 3: Alles ist da!

Mache dir bewusst, dass du schon jetzt genügst. Bei all unseren Wünschen nach Veränderungen vergessen wir manchmal, dass schon jetzt alles da ist, um glücklich und erfüllt zu sein. Deine weiteren Handlungen sind wichtig, um deinem Leben die Richtung zu geben, die du dir wünschst und zu der Person zu werden, die du sein willst. Aber all das ist bereits in dir und du musst dich nicht darum bemühen, zu einer „besseren" Person zu werden. Bemühe dich lediglich darum, zu einer Person zu werden, die weiterhin und noch stärker Verantwortung für sich und ihr Leben übernimmt.

EMPOWERED ACTION – 3 Minuten Quickie

Der erste Schritt ist meistens der schwierigste. Daher (wenn du es nicht schon längst getan hast): Setze den ersten Schritt genau jetzt um. Jetzt. Lege das Buch für einen Augenblick zur Seite und tue das, was dein Plan dir sagt. Bringe den ersten Stein ins Rollen. Es wird dich Mut kosten und Durchhaltevermögen, auch die nächsten Schritte zu tun. Aber jetzt ist der erste Schritt dran. Also: Schreibe die E-Mail, greife zum Hörer, buche das Ticket, finde die Information. Egal, wie lang oder kurz es dauert – ich warte auf dich, bis du mit diesem ersten Schritt fertig bist und bereit für den nächsten Abschnitt. Also los – 3, 2, 1, go!

Ergebnis: Yes, du hast es geschafft und den Stein ins Rollen gebracht – mache genauso weiter und setze täglich mindestens einen kleinen Schritt um.

Nun hast du den zweiten Teil des Buches abgeschlossen und bist deinem erfolgreichen Leben ein großes Stück näher gekommen. Du weißt nun anhand einer Visualisierung, wie deine Zukunft und dein erfolgreiches Leben im Einklang mit deinem *Warum* aussehen werden. Je öfter du dir dieses Bild vor Augen führst, desto besser.

Mache weiter, Tag für Tag. Jeder noch so kleine Schritt ist besser als keiner. Viele kleine Schritte ergeben am Ende große Erfolge und Veränderungen. Bevor du an dieser Stelle weitermachst, solltest du mindestens den ersten Schritt deines Plans umgesetzt haben. Falls du das noch nicht getan hast – tue es jetzt. Ja, genau jetzt! Lies nicht weiter, bevor der erste Schritt getan ist.

Teil 3: Empower others! – Unterstütze andere

Glückwunsch, du hast den oder die ersten Schritte deines Plan erfolgreich umgesetzt. (Hast du nicht? Dann springe schnell in die EMPOWERED ACTION des zweiten Teils und erledige diese Aufgabe zuerst, bevor du weitermachst.) Im dritten Teil geht es nun nicht mehr nur um dich. Denn wirklich große Bewegungen und Veränderungen entstehen erst dann, wenn zwar alle bei sich selbst beginnen, aber dort nicht aufhören. Bewegungen und Veränderung gehen im Miteinander weiter und können erst dort zu etwas wirklich Großem werden. Dennoch ist es genau dieser Teil, der mir persönlich in so vielen Büchern fehlt. Wie viele Ratgeber zur persönlichen Weiterentwicklung gibt es und wie viele zur gemeinsamen Weiterentwicklung? Dieses Buch wäre kein Guide für Female Empowerment, wenn es nicht auch darum ginge, wie wir uns untereinander und gegenseitig den Rücken stärken und unterstützen können.

Mir ist durchaus bewusst, dass es auch unter Frauen viele Differenzen in bestimmten Fragen der Gleichberechtigung gibt. Und auch wenn wir noch Jahrzehnte über bestimmte Fragen diskutieren werden, liegt uns allen das Gleiche am Herzen: Das Empowerment, also dass jede Frau die Fähigkeit und die Möglichkeit hat, ihren eigenen Weg zu gehen. Wir müssen nicht in jedem Aspekt derselben Meinung sein, denn Female Empowerment findet ganz unterschiedliche Wege – aber wir dürfen an einem Strang ziehen. Das gilt für Female Empowerment im wissenschaftlichen Diskurs, in der Politik und dafür, wie wir Female Empowerment ganz praktisch leben können. Alle Ansätze sind notwendig, um langfristig etwas zu verändern – kein Ansatz ist besser oder schlechter. Wer auf allen Ebenen nach Lösungen sucht und kleine Stellschrauben verändert, verändert am Ende das Große und Ganze.

„You are not alone."

Solltest du dich auch als Mann oder als Diverse von den Inhalten angesprochen fühlen, ist es mir eine Ehre, dich neben all den großartigen Frauen mit in den dritten Teil des Buches zu nehmen. Ich lade alle Menschen ein, den Blick auf die Gemeinschaft zu werfen und ihr Bestes zu geben, Verständnis und Offenheit füreinander und für die Schmerzpunkte anderer in der Gesellschaft zu zeigen. Für eine starke Gemeinschaft, in der Unterschiede völlig normal sind, aber nicht ausschlaggebend dafür, wie du behandelt, erzogen und berechtigt wirst. Ich bin dankbar für jeden und jede, der und die sich näher mit dem Thema Female Empowerment beschäftigt und noch dankbarer für jede und jeden, die und der den Weg mit uns gemeinsam geht. Wir werden alle gleichermaßen gebraucht. Niemand wird über Nacht für Themen sensibilisiert, die so komplex sind. Wer alles richtig machen will, macht am Ende oft gar nichts und das ist genau das, was nicht passieren soll. Lieber machen wir zahlreiche Fehler, aber können voneinander lernen, in den Austausch treten und uns als Menschen verstehen, denen alle dasselbe am Herzen liegt – eine starke Gemeinschaft zu gründen, in der sich Menschen für Veränderungen einsetzen. Veränderungen, von denen unsere nachfolgenden Generationen profitieren und nicht zuletzt auch wir selbst. So wie es die zahlreichen Frauen vor uns getan haben, die aufgestanden sind und ihre Stimme erhoben haben.

Für den einen mag das idealistisch klingen, für mich ist es die Zukunft. Female Empowerment wird es so lange geben (müssen), bis die Frage nach dem Geschlecht so unbedeutend wird wie die Frage nach deiner Augenfarbe. Wir erkennen an, dass wir alle anders sind und gleichzeitig ist es irrelevant für den Zusammenhalt, für gemeinsames Arbeiten und für die Gesellschaft – oder sogar förderlich. Denn es kommt auf die Stärken und Fähigkeiten der Personen an und wie diese dazu beitragen können, dass wir Zukunft gemeinsam gestalten. In der alle Menschen die gleichen Chancen haben: Die Möglichkeit, sich zu entfalten, etwas zu bewegen und Veränderungen voranzutreiben.

Wie schnell urteilen wir über andere? Wie schnell stecken wir Menschen in eine Schublade? Wie oft geben wir anderen wirklich die Chance, dass wir sie kennenlernen? Wenn wir anderen Menschen nicht die Chance geben, sich uns zu zeigen, endet das schnell in Unverständnis füreinander. Es sorgt dafür, dass wir uns für etwas Besseres oder Schlechteres halten – und ist wohl die größte Täuschung der Menschheit. Denn wir kommen und gehen alle mit nichts außer uns selbst und sind am Ende doch alle gleich.

Niemand kann dir Glück, deine Erfüllung und deinen Erfolg nehmen. Es ist genug von allem da.

Wir alle haben meistens das gleiche Ziel: Ein schönes Leben nach unseren eigenen Vorstellungen und mit Menschen, die wir lieben. Wir denken, dass das nur wenigen vorbehalten ist. Wir denken, dass das Glück anderer die Abwesenheit unseres eigenes Glücks bedeuten könnte. Niemand kann dir Glück, deine Erfüllung und deinen Erfolg nehmen. Es ist genug von allem da. In der Regel sind es genau diese drei Attribute, die sich sogar verdoppeln, wenn du sie teilst. Die glücklichsten Menschen sind die, die sich für das Glück anderer freuen und andere an ihrem eigenen Glück teilhaben lassen. Auch das wird den Wenigsten von uns wirklich beigebracht, es sei denn, du hattest das Privileg, in einem Umfeld aufzuwachsen, in dem diese Werte wichtig waren. In unserer westeuropäischen Gesellschaft werden wir viel eher zu Einzelkämpferinnen und -kämpfern herangezogen. Wir stellen uns nicht die Frage: Wie kann ich einen Unterschied für andere machen? Wir stellen uns die Frage, wie andere einen Unterschied für uns machen können. Für mehr Zusammenhalt und Tiefe in einer Community dürfen wir uns stattdessen diese Fragen stellen:

- Was kann ich für andere tun?
- Wie kann ich mehr geben?
- Wie kann ich einen Unterschied im Leben anderer machen?

Um diese Fragen und die Frage danach, wie wir als Gemeinschaft und durch Zusammenhalt etwas verändern können, geht es in den nächsten Kapiteln. Eine Gemeinschaft lebt vom Miteinander und von den Beziehungen untereinander – eine Gemeinschaft ist gerade so stark wie ihre schwächste Beziehung. Das kann man auf vielen Ebenen beobachten: Im Teamsport, in der Politik, in Bevölkerungen und in der Wirtschaft. Beispielsweise sind die Menschen in den Ländern am glücklichsten, die am wenigsten gespalten sind, und die Unternehmen am erfolgreichsten, die die engste Bindung zu ihren Kunden haben. Mit dem Ziel im Hinterkopf, aus deinem Umfeld und aus unserer Gesellschaft eine echte Community zu machen, starten wir also mit der Frage, was du dazu beitragen und wie du anderen helfen kannst. Für eine Gemeinschaft, die sich den Rücken stärkt und füreinander einsteht. In der aber auch Kritik ihren Platz findet und in der wir uns gemeinsam weiterentwickeln. In der wir Differenzen nutzen, um voneinander zu lernen.

„Those who are happiest are those who do the most for others."

Unsere Community

In den letzten Jahren durfte ich lernen, wie wichtig die eigene Community sein kann. Dabei verstehe ich eine Community nicht als Reichweite auf einer Social Media-Plattform. Mit unserer Community sind in diesem Kapitel die Menschen gemeint, die uns umgeben und von denen wir mehr oder weniger bewusst, freiwillig und organisiert ein Teil sind. Das sind unsere Familie, unsere Bekannten, Freunde, Partner, berufliche Kontakte und alle anderen Menschen, die uns umgeben und mit denen wir einen Teil unserer Zeit verbringen. Ich konzentriere mich in diesem Kapitel vor allem auf die Communities, die wir uns selbst aussuchen, denn hier haben wir den größten Einfluss.

Eine der spannenden Eigenschaften einer Community ist dabei ihre Dynamik. Eine Community ist nicht starr und in Stein gemeißelt, sondern – wie das Leben selbst – ständig in Bewegung. Das gibt dir die Möglichkeit, sie selbst mitzugestalten, zu diversifizieren und zu erweitern. Für ein Leben, in dem du wirklich vorankommst, dich weiterentwickelst und in dem sich etwas verändern darf, sind andere Menschen unabdingbar – und genauso unabdingbar bist du für sie. Wir alle brauchen einander, weil

> **Wir alle brauchen einander, weil wir Erfahrungen teilen, unser Leben gemeinsam verbringen und uns nicht zuletzt als Teil von etwas Größerem fühlen wollen.**

wir Erfahrungen teilen, unser Leben gemeinsam verbringen und uns nicht zuletzt als Teil von etwas Größerem fühlen wollen. Die Momente, in denen wir uns als Teil von etwas Größerem fühlen, sind die Momente, in denen wir tief berührt werden. Es sind die Momente, die eine Gänsehaut erzeugen, die uns verbinden und die es braucht, um das Leben zu spüren und zu verstehen. Denn eine Community verbindet die Stärke aller und lässt dadurch jedes einzelne Mitglied über sich hinauswachsen.

Beispiele für Situationen, in denen wir gemeinsam über uns hinauswachsen, können Demonstrationen sein, in denen wir uns vereint fühlen, weil wir alle an das gleiche Ziel glauben und gemeinsam eine Veränderung fördern wollen. Aber auch Alltagssituationen haben das Potenzial, dass wir an ihnen wachsen, indem wir beispielsweise Gespräche und Diskussionen über kontroverse Themen führen und unsere Denkweise damit erweitern. Online über Soziale Netzwerke oder Gruppen können wir ebenfalls Communities finden, die es uns erlauben, uns zu vernetzen, uns auszutauschen und uns bei unseren Projekten zu begleiten und zu unterstützen.

Wie groß deine Community dabei ist, spielt keine Rolle, ebenso wenig, wie viel Einfluss sie hat. Auch kleine Communities können viel im Leben anderer bewegen – und letztendlich auch in deinem. Es ist auch egal, ob es vorwiegend um politische Belange geht, persönliche oder berufliche. Wichtig ist, dass alle ein ähnliches Ziel verfolgen. Es kann um eine Bewegung gehen, um kleine und große Veränderungen – aber vor allem geht es darum, dass wir gemeinsam etwas Gutes füreinander tun.

„A small act of kindness can have a very large impact on someone else.“

Wo soll ich beginnen?

Starte bei der Frage nach einer Community nicht bei dir. Starte immer damit, dich zu fragen, was andere brauchen. Was darf sich in der Welt verändern, um sie so zu verlassen, wie du dir die Welt wünschst? Wie kannst du zu dieser Veränderung beitragen? Wie kannst du damit das Leben anderer bereichern? Gehe voran und verknüpfe deine bereits bestehenden Kontakte miteinander. Schaffe ein Netzwerk, das verbindet. In einer Welt, in der es oft darum geht, welche Schuhe wir tragen, in welchem Restaurant wir essen gehen oder welche Serien wir schauen, sind Communities wichtig, uns wieder an unsere echten Wünsche zu erinnern. Es spricht natürlich gar nichts dagegen, schöne Schuhe zu tragen, gerne essen zu gehen oder Serien zu schauen – all das tue ich auch –, aber es darf zusätzlich noch mehr geben. In einer Community geht es nicht darum, was du hast – es geht darum, wer du bist und für wen und was du einstehst. Interessanterweise werden deine Probleme kleiner, wenn du dich für andere und für etwas Größeres einsetzt. Und dein Gefühl des Glücks und der Erfüllung steigt. Aber worauf kommt es bei einer Community an?

> **Unterschiedliche Menschen in einer Community sind wichtig, unterschiedliche Ziele jedoch eher hinderlich.**

1. Das Warum verbindet

Auch bei einer Community beginnt alles beim *Warum*. Das *Warum* schafft die Tiefe und die Stärke der Verbindung unter den Mitgliedern und ebnet den Weg für eine erfolgreiche Zusammenarbeit und für Zusammenhalt. Wenn allen klar ist, warum ihr euch eine Veränderung wünscht, wird der Antrieb dafür auch langfristig bestehen bleiben. Die Frage lautet also: Warum möchtest du gemeinsam mit deiner Community etwas verändern?

2. Gemeinsame Vision und Ziele

Ähnliche Ziele und eine gemeinsame Vision sind enorm wichtig, wenn es um eine erfolgreiche Zusammenarbeit geht. Nur wenn alle an einem Strang ziehen und in die gleiche Richtung wollen, kann eine Veränderung an Fahrt gewinnen. Nur so behalten alle die Motivation und den Spaß. Unterschiedliche Menschen in einer Community sind wichtig, unterschiedliche Ziele jedoch eher hinderlich.

3. Regelmäßiger Kontakt und Austausch

Regelmäßig muss nicht bedeuten, sich jeden Tag zu sehen und zu sprechen. Regelmäßig kann auch einmal im Jahr bedeuten, wenn man in der Zwischenzeit weiter an den gemeinsamen Ziele arbeitet. Der Austausch untereinander wird uns vor allem im digitalen Zeitalter einfach gemacht. Video-Konferenzen, Soziale Medien und Gruppen vereinfachen und beschleunigen die Kommunikationswege. Aber nicht nur die Regelmäßigkeit ist von Belang, wenn eine starke Community entstehen soll, sondern auch die Tiefe der Treffen. Welche Fragen werden gestellt? Welche Themen finden Platz? Geht es um Lästereien, Beschwerden oder negative Themen ohne Anhaltspunkte, daran etwas zu verändern? Oder geht es darum, sich zu bestärken, um neue Ideen und Möglichkeiten, die es gemeinsam auszuschöpfen gilt? Schaue hier sehr genau hin, denn nur so lässt sich ein positiver Impact für alle erreichen.

4. Die innere Einstellung der Menschen in deiner Community

Nicht nur deine eigene innere Einstellung entscheidet über den Verlauf deines Lebens, sondern auch die Einstellung der Menschen um dich herum. Menschen mit einer zielführenden Einstellung wünschen sich Ergebnisse und bringen Projekte voran, ohne Zeit zu verschwenden oder sich in Details zu verlieren. Sie inkludieren die Meinungen anderer, filtern sie und fördern jene, die die gesamte Community nach vorne bringen. Sie sind bereit, zu wachsen, andere zu unterstützen und für sich und andere einzustehen.

5. Ehrlichkeit

Ehrlichkeit hilft dabei, tiefe Verbindungen zu schaffen und gemeinsam weiterzukommen. Gemeinsam durch die guten und die schlechten Zeit zu gehen, bedeutet, sich der Wahrheit zu stellen und sich untereinander daran zu erinnern, dass wir füreinander da sind und keine Scheu haben, uns den Spiegel vorzuhalten. Ehrliche Worte bringen weiter, als aus Höflichkeit ein Blatt vor dem Mund zu nehmen. Kommuniziere gleichzeitig offen und ehrlich deine Bedürfnisse, denn auch sie können nur gehört werden, wenn du sie aussprichst. Es geht darum, zu erkennen und zu kommunizieren, wenn sich etwas für dich nicht stimmig oder richtig anfühlt.

Ich habe und hatte das Glück, während meiner Arbeit einen Einblick in verschiedene Teams zu bekommen. Dort, wo die oben genannten fünf Aspekte Raum gefunden haben, sind enorme Erfolge zu verzeichnen gewesen. Ich sehe und spüre den Unterschied. In dem einen Unternehmen werden konstruktive Lösungen gesucht und nicht ein vermeintlich Schuldiger. Hier werden Probleme diskutiert, um eine Lösung zu finden und um voranzukommen. Hier fühlen sich Mitarbeitende wertgeschätzt, verbunden und gesehen. Hier wird sich für die Talente und Stärken, aber auch für ganz persönliche Geschichten und für die Persönlichkeit interessiert. In solch positiv besetzten Teams geht es in etwa so zu: Gibt es eine Aufgabe, die dir absolut nicht liegt? Dann hast du die Möglichkeit, sie abzugeben. Brauchst du Abwechslung? Dann gibt es neue Aufgaben, an denen du wachsen kannst. Hast du private Probleme, die es dir schwer machen, deinen Job sauber auszuführen? Dann gibt es auch hier Möglichkeiten, das offen zu kommunizieren und dich eine Weile ein wenig zurückzunehmen. Hast du Ideen, die dir und dem Team die Arbeit erleichtern können? Dann werden neue Prozesse implementiert, die effizienter oder persönlicher sind. Auf der anderen Seite gibt es Unternehmen, in denen es nicht so zugewandt zugeht. Hier werden Ellbogen ausgefahren, unfreundliche E-Mails verschickt, Anschuldigen kommentarlos weitergeleitet, Veränderungen und Vorschläge im Keim erstickt und der Mensch wird statt als Teil des Ganzen lediglich als Arbeitskraft verstanden. Ich habe beide Seiten erlebt und erkannt, dass die Unternehmen, die mit ihrer Arbeit einen echten Unterschied im Leben ihrer Kunden machen und auch große gesellschaftliche Veränderungen im Rahmen ihrer Tätigkeit anstreben, es oft auch schaffen, ihre Mitarbeiterinnen und Mitarbeiter zu einer positiven Community zu machen.

Eine Community lebt von den Menschen, die Teil von ihr sind. Ohne Menschen existieren keine Communities und menschliche Ressourcen sind die wertvollsten, die eine Community für ihre Ziele und Veränderungen hat. Denn Menschen können nahezu alle anderen Ressourcen schaffen oder zur Verfügung stellen. Nehmen wir an, dass dir für die Erreichung deiner Ziele immer das Geld gefehlt hat. Die finanziellen Mittel sind oft ein Aspekt, der uns davon abhält, das Leben zu leben, das wir uns wirklich wünschen. In einer Community finden sich nahezu immer Menschen, die uns Hinweise auf Stellenangebote oder Nebenjobs geben können – oder vielleicht sogar selbst Menschen mit deinen Talenten suchen. Es gibt Menschen, die finanziell sehr gebildet sind und damit dir und der Community weiterhelfen können. Und es gibt Menschen, die vielleicht sogar in dich und deine Idee investieren möchten. Gemeinsam schafft man es viel leichter, durch Crowdfunding, Verkaufsaktionen, Veranstaltungen, Produkte, Dienstleistungen, Investoren oder andere kreative Ideen, das nötige Geld zu beschaffen. Oder sogar das Geld irrelevant(er) werden zu lassen, weil es Menschen gibt, die ebenfalls an einer Veränderung mitarbeiten wollen und dafür ihre Arbeit kostenlos zur Verfügung stellen. Wenn sich Menschen in deiner Community befinden, die einen der drei Aspekte mitbringen, hat deine Community das Potenzial dazu, langfristig und nachhaltig etwas zu bewegen. Solche Mechanismen funktionieren vor allem dann, wenn es um bedeutsame Veränderungen geht, die anderen Menschen ebenfalls wichtig sind.

Eine Community lebt von Menschen und Menschen sind Ideen-Maschinen. Insbesondere, wenn viele Menschen am gleichen Projekt oder am gleichen Ziel arbeiten. Allein für das Beispiel Female Empowerment könnte ich seitenweise Beispiele nennen, wie Menschen es geschafft haben, dieses Thema voranzubringen – von einigen Projekten durfte ich auch selbst ein Teil sein. Es gibt Workshops und Kurse in Schulen für junge Frauen, um ihr Selbstbewusstsein zu stärken. Es gibt Programme in Firmen, die Frauen das Arbeitsleben auch mit Kindern erleichtern. Es gibt Veranstaltungen zur Förderung weiblicher Gründungen. Es gibt Bildungsaufträge für Frauen in Entwicklungsländern. Es gibt Ärztinnen und Ärzte, die sich für Gender-Medizin einsetzen, Frauen, die anderen Frauen eine Plattform geben. Es gibt unzählige weibliche Vorbilder, die als Vorbild für andere Frauen vorangehen. Es gibt Männer, die ihre Stimme erheben und Frauen zu den Positionen verhelfen, die ihnen andere verwehrten. Und es gibt dich. Mit all deinen Fähigkeiten und dem Potenzial, deine eigene Erfolgsgeschichte zu schreiben.

Eine Community lebt von Menschen und Menschen sind Ideen-Maschinen.

„Be that woman who decided to go for it."

Wissen und Erfahrung als Stärke

Was für eine große Rolle Mentoren und Mentorinnen in meinem Leben gespielt haben, spielen und spielen werden, ist nun sicher deutlich geworden. Gleichzeitig ist es aber früher oder später an der Zeit, selbst zu einer Mentorin zu werden, wenn dich jemand braucht. Wir alle wissen etwas, das andere nicht wissen oder haben etwas erfahren, das andere nicht erfahren haben. Wir dürfen dieses Wissen teilen. Viel zu häufig sehe ich, wie Menschen anderen ihr Wissen vorenthalten. Aus Angst, dass diese Menschen mehr aus diesem Wissen machen könnten als sie selbst oder aus Missgunst, weil sie selbst so lange gebraucht haben, sich dieses Wissen anzueignen. Oder aber weil sie denken, sie haben nichts zu sagen und könnten niemandem weiterhelfen.

> **Alles, was du gibst, kommt irgendwann zu dir zurück. Das Leben ist sehr gerecht, was das angeht.**

Ich möchte dich dazu ermutigen, dein Wissen zu teilen. Alles, was du gibst, kommt irgendwann zu dir zurück. Das Leben ist sehr gerecht, was das angeht. Und wer teilt, bekommt am Ende meiner Meinung nach so viel mehr zurück. Gib anderen die Chance, aus deinem Wissen das Beste zu machen und es zu nutzen, um ihr eigenes Leben und unsere Gesellschaft zu verändern. Oft ist es die Summe von fremdem und eigenem Wissen, das zu großartigen Ergebnissen führt. Bereichere andere mit deinem Wissen und mache es ihnen leicht, dieses Wissen zu erlernen. Was für das Teilen deines Wissens gilt, gilt ebenso für das Teilen deiner Ressourcen wie Zeit, Geld, Besitztümer oder Kontakte. Wähle das, was du am liebsten und am leichtesten teilen kannst – du wirst überrascht sein, wie einfach du andere mit wenig Aufwand bereichern kannst. Auch wenn es nur kurze Gespräche, gemeinsame Kooperationen oder das Vermitteln von Kontakten ist. Manchmal kannst du damit mehr bewirken, als du für möglich hältst. Es sind so oft die kleinen Dinge, die eine große Veränderung auslösen und zu neuer Inspiration führen können. Ein Nebensatz, eine kleine Geste oder ein Kontakt – und du kannst das Leben eines Menschen verändern.

Über den Tellerrand

In Communities und Netzwerken tendieren wir häufig dazu, uns mit den Menschen zu vernetzen, die uns ähneln. Was das gemeinsame Ziel angeht, darf und soll es selbstverständlich Überschneidungen geben. Manchmal ist es jedoch eine gute Idee, über den Tellerrand zu blicken und anderen mit offenen Augen zu begegnen. Gehörst du einer Community an, die überwiegend aus Akademikern oder Akademikerinnen besteht? Dann halte Ausschau nach Menschen, die nicht studiert haben, sowie nach Menschen, die betroffen sind oder das Leben führen, das du erforschst. Schau dich branchen-, berufs- oder kulturübergreifend um und gestalte dein Netzwerk divers. In Bezug auf Gender, kulturelle Hintergründe, Berufe, Branchen, Herkunft und so weiter – alle Unterschiede sind Schritte zu neuen Lösungen für alte Probleme und neue Ideen für alte Denkmuster. Unterschiede sind das Triebwerk, die die Mühle zum Laufen bringen und echte Veränderungen hervorrufen.

Für eine Female Empowerment Community ist es im Hinblick darauf zum Beispiel enorm wichtig, dass auch Männer und Diverse nicht ausgeschlossen werden – zumindest in meinen Augen. Das Leben besteht aus Kontrasten und Differenzen. Nur so ergibt sich ein Bild vom Ganzen. Ein Ganzes sind zwei Pole mit allen Zwischentönen – dann ergibt sich ein ganzes Bild. Das Leben nur von einer Seite aus zu betrachten, könnte man fast als ignorant bezeichnen, als ignorant gegenüber all den Chancen und Möglichkeiten, die uns geschenkt werden.

> *„It's not our differences that divide us. It's our inability to recognize, accept, and celebrate those differences."*
>
> *Audre Lorde*

Meine Female Empowerment-Community

In meiner Community rund um das Thema Female Empowerment sind wir Frauen uns einig. Wir wissen, wie viel in jeder einzelnen von uns steckt und dass es Stärke und Mut bedarf, dieses Potenzial zu leben. Wie genau das für jede einzelne aussieht, ist ganz unterschiedlich. Was aber für alle gleich ist, ist die Einstellung, dass wir uns gegenseitig weiterbringen und einen Unterschied im Leben der anderen Frauen machen können. Wir wissen, dass wir gemeinsam verändern können, wie die Zukunft für Frauen der nächsten Generationen aussieht, wenn wir den Mut haben, aufzustehen und für uns einzustehen. Wir wissen, an wie vielen Ecken und Enden es noch Verbesserungsbedarf gibt, genauso wie wir wissen, was die Frauen vor uns bereits alles erreicht haben. Ich sehe auf die letzten Jahre mit Freude zurück, in denen ich mich nun für das Thema Female Empowerment einsetze, weil ich sehe, auf wie viele unterschiedliche Arten sich Frauen einsetzen und auch immer mehr Männer sich für dieses Thema begeistern und interessieren können. Genauso sehen wir aber auch die Steine, die uns noch im Weg liegen und die wir gemeinsam aus dem Weg räumen werden. Nicht nur auf Gesetzesebene, sondern auch ganz persönlich. Obwohl wir weit gekommen sind, darf sich noch so einiges tun. Ganz zu schweigen von Frauen in anderen Teilen der Erde, die selbst heute weit weniger Rechte haben als wir westeuropäische Frauen noch vor vielen Jahren. Auch für diese Frauen werden wir nicht aufhören, den Weg gemeinsam weiterzuverfolgen. Diese Geschichten dürfen wir uns immer wieder erzählen, egal, wie oft wir sie schon gehört haben. Eine Community mit einem Ziel und einem starken *Warum* braucht solche Geschichten und Botschaften, die die Menschen weitertragen.

Die Frauen in meiner Community haben es satt, sich klein zu machen oder die Ellbogen auszufahren. Sie reichen sich die Hand und nehmen in Kauf, den unter Umständen längeren und steinigeren Weg zu gehen, weil er uns dahin führt, wo wir wirklich stehen wollen – in einer Gesellschaft, einer Welt, in der es für dich keinen Unterschied in Bezug auf die Chancen macht, ob du als Mann oder als Frau geboren wurdest. In der sich alle Menschen auf Augenhöhe und mit Respekt begegnen, um die wirklich wichtigen Themen gemeinsam anzugehen. Female Empowerment mit all seinen Leitsätzen wie

„Empowered women empower women.",

„Better together!" oder

„The future is equal."

spiegelt dieses Ziel wieder und vereint alle Geschichten und Vorhaben der Frauen aus dieser Community. Es ist klar, wohin die Reise gehen soll – wir kennen unsere Richtung. Und so braucht jedes Team und jede Community nicht nur gemeinsame Werte und Vorstellungen von der Zukunft, sondern auch Erfolgserlebnisse und Meilensteine, die geteilt werden. Diese Erfolgserlebnisse lassen erkennen, ob man sich auf dem richtigen Weg befindet, die richtigen Methoden anwendet und ob alle Mitglieder noch am selben Strang ziehen.

Das muss nicht in einer ausgeklügelten, systematischen Weise passieren, die dazu führt, feste Rollen in der Community oder Hierarchien zu definieren. Im Gegenteil. Das darf auf eine scheinbar chaotische Art und Weise geschehen. In einer Weise, die anziehend ist und die dir Freude bringt. Wenn du dich zu bestimmten Menschen oder zu einem bestimmten Thema hingezogen fühlst, ist das genau richtig so. Du wirst dort gebraucht, mit allem, was du zu geben hast und geben möchtest. In einer Community geht es um die dynamischen Bewegungen, das Ausprobieren, die Geschichten und die Ziele. Aber nicht um die Art und Weise, wie haargenau diese Ziele erreicht werden. Wenn wir ehrlich sind, wissen die meisten nicht einmal, mit welchen exakten Methoden ein Ziel erreicht werden kann. Es gibt viele Ideen, die ein Problem von verschiedenen Seiten angehen oder verschiedene Teilprobleme aus dem Weg räumen können. Die Summe daraus und das Ausprobieren liefern letztendlich Ergebnisse. So funktioniert Veränderung, so funktioniert eine Community und so funktioniert das Leben.

Ich möchte dir von einem spannenden Experiment erzählen, das den Erfolg dieser Vorgehensweise bestätigt. Der Produktdesigner und Ingenieur Peter Skillman hat ein Experiment durchgeführt, das nicht nur zahlreiche Design-Ideen hervorbrachte, sondern auch aufzeigte, wie Communities erfolgreich an ein Ziel gelangen können. Das Experiment lief wie folgt ab: Über mehrere Monate hat er Vier-Personen-Gruppen von verschiedenen Universitäten wie der Stanford Universität oder der Universität von Tokio und weiteren Gruppen die Aufgabe gestellt, den höchsten Turm aus 20 ungekochten Spaghetti, einem Yard transparenten Tape, einem Yard Band und einem Marshmallow zu bauen. Die einzige Regel lautete, dass der Marshmallow am Ende oben auf der Spitze stecken musste, ohne dass der Turm einbricht. Einige Teams bestanden dabei aus BWL-Studierenden, andere aus CEOs, wieder andere aus Anwältinnen und Anwälten und eine weitere aus Kindergartenkindern. Die Ergebnisse waren überraschend, denn die Kindergartenkinder schnitten im Durchschnitt besser ab als alle anderen oben aufgezählten Gruppen. Woran liegt das? Peter Skillman begründet das damit, dass BWL-Studenten und -Studentinnen zum Beispiel dazu ausgebildet werden, den einzig richtigen Plan zu finden. Sie teilten die Aufgaben auf, überlegten sich eine genaue Strategie und wägten sehr genau ab, welche die vielversprechendste Methode war – sehr rational, intelligent und professionell also. Doch wenn ihnen die Zeit ausging, setzten sie schlussendlich nur noch den Marshmallow auf die Spaghetti, um zu merken, dass ihr Gerüst den Marshmallow nicht halten konnte. Es schien so, als würden sich die BWL-Studierenden mehr darum bemühen, bewusst oder unbewusst zu kommunizieren, was ein richtiger oder falscher Weg sein könnte und wie man dies den anderen vermitteln kann. Die Kindergartenkinder hingegen wählten eine andere Methode. Sie sprachen kaum miteinander, standen aber eng beieinander. Sie überlegten, planten und handelten nicht strategisch und organisiert. Genau das Gegenteil war der Fall. Sie unterbrachen sich, griffen abrupt nach dem Material und gaben sich gegenseitig Tipps. Sie bauten verschiedene Prototypen und setzten den Marshmallow von Beginn an ein, um zu testen, ob das Gerüst den Marshmallow halten würde. Dabei bekamen sie direktes Feedback darüber, was funktionierte und was nicht. Die Kindergartenkinder schnitten mit dieser Methode besser ab als die Gruppe der Anwälte und Anwältinnen, der CEOs und die Gruppe der BWL-Studierenden. Was wir uns also von den Kindergartenkindern abschauen dürfen, ist die Art und Weise, wie sie an ihre Ziele herangingen. Sie testeten ihre Ideen, ließen neue Prototypen zu und lernten, während sie nach einer Lösung suchten. Was also zählt, sind nicht nur die individuellen Fähigkeiten jeder Person, sondern die Art und Weise der Interaktion miteinander. Bei den Kindergartenkindern ist die Energie im Spiel, die es braucht, um zu guten Ergebnissen zu kommen. Sie haben im Experiment nicht besser abgeschnitten, weil sie schlauer waren, sondern weil sie schlauer und auch intuitiver zusammengearbeitet haben. Diese Vorgehensweise erlaubt es uns auch, uns für unsere Erfolge und kleinen Siege zu feiern. Schlussendlich hat jedes Community-Mitglied dazu beigetragen, den nächsten Schritt zu erreichen, auf seine ganz individuelle Art und Weise. Keine und keiner war wichtiger oder unwichtiger, in der Rangordnung höher oder niedriger. Jede und jeder hat sein Bestes gegeben und sich vor allem um das Ergebnis gesorgt und nicht, wie man auf dem Weg dahin dastand und sich profilieren konnte. So entstehen zwar auch Ergebnisse, vor allem in der Wirtschaft. Aber wie das Ergebnis zeigt, sicher nicht für alle Bereiche und Veränderungen die besten.

„Strong today. Stronger tomorrow. Strongest together.“

EMPOWERED ACTION – Deine Community
Ziel: Finde zu den Menschen in deiner Community.

Jetzt ist es an der Zeit, die nächsten Schritte zu überdenken, die wir gemeinsam gehen, um noch weiter zu kommen und noch größere Veränderungen herbeizuführen. Finde die Menschen, die ein ähnliches *Warum* und eine ähnliche Vision wie du haben. Selbstverständlich braucht das Zeit und geschieht nicht von heute auf morgen. Wenn du dir aber bewusst Zeit für Gespräche mit den Menschen nimmst und dich austauschst, kannst du schnell die richtigen Menschen in deiner Community finden. Mache es wie die zahlreichen Menschen, die sich zusammengetan haben, um Veränderungen und Projekte ins Rollen zu bringen. Tritt in Kontakt, höre offen zu und finde die Überschneidungen, die euch zu einer großen Community wachsen lassen. Wir alle kommen allein nur begrenzt weiter. Gemeinsam jedoch können wir über uns selbst hinauswachsen und so viel Größeres meistern. Habe Geduld und mache dich auf die Suche nach den Menschen, die dich unterstützen, deine Vision teilen und bereit sind, mit dir gemeinsam zu wachsen. Nimm dir jetzt dein Journal zur Hand und notiere dir Personen, mit denen du gerne in Kontakt treten würdest. Schreibe mindestens fünf bekannte Menschen auf und lasse zusätzlich drei Zeilen frei, in denen du die Namen von drei fremden Personen eintragen kannst, mit denen du in den nächsten vier Wochen gesprochen und ein aufrichtiges Gespräch geführt hast. Vielleicht besuchst du dafür ein Event, schaust dich in den Sozialen Medien um oder sprichst eine Person auf der Straße an, die du interessant findest.

EMPOWERED ACTION – 3 Minuten Quickie

Ganz konkret bedeutet das für deinen nächsten Schritt: Kontaktiere noch heute die erste Person, an die du denkst, wenn es um deine Herzensangelegenheit geht. Es muss keine fremde Person sein, es kann auch jemand sein, der sich sowieso in deinem Umfeld befindet. Tausche dich mit ihr aus und finde heraus, was sie bewegt und höre ihr zu. Vielleicht findet ihr Wege, wie ihr euch zusammentun, unterstützen und zusammenarbeiten könnt – und falls nicht, ist das auch völlig okay. Zeige dein aufrichtiges Interesse an deinen Mitmenschen. So wirst du die richtigen Menschen für deine Community finden – garantiert. Nimm dir zum Beispiel dein Smartphone zur Hand und schreibe der Person eine kurze und persönliche Nachricht, dass du dich gerne austauschen würdest. Das dauert maximal drei Minuten, deswegen – du kennst es bereits – tue es genau jetzt! Lege das Buch für drei Minuten zur Seite und schicke die Nachricht ab. Übrigens: Besser als eine perfekte Nachricht ist eine abgeschickte Nachricht. Grübele also nicht zu lange über den Inhalt und schicke sie innerhalb der nächsten drei Minuten ab. Diese EMPOWERED ACTION sorgt dafür, dass du deine Community Stück für Stück erweiterst und auf spannende Menschen und Geschichten triffst – die vielleicht sogar ähnliche Ziele verfolgen wie du.

Ergebnis: Du weißt nun, wie du die Menschen für deine Community findest, mit denen du gemeinsam etwas verändern kannst.

Unser Zusammenhalt

Bist du bereit für den nächsten Schritt mit den Menschen in deiner Community? Gehe zunächst die EMPOWERED ACTION des letzten Kapitels durch, um deine Community besser kennenzulernen und gegebenenfalls um weitere inspirierende Personen zu erweitern. Menschen, die eine ähnliche Vision haben wie du. Lerne sie kennen und fahre am besten erst dann fort, wenn du einige wirklich tolle Menschen um dich herum hast.

Veränderungen leben von Zusammenhalt. Besonders der Zusammenhalt unter Frauen ist kein Trend, sondern notwendig. Zusammenhalt ist nicht damit getan, Hashtags wie #womenempowerwomen oder #strongertogether auf den Social Media-

Kanälen zu posten (auch wenn das großartige Statements sind). Zusammenhalt zu leben, geht weit darüber hinaus. Wenn wir füreinander einstehen, uns den Rücken stärken und eine lange Kette aus Frauen bilden, die sich Halt geben, ist diese Kette nahezu unsprengbar. Im Gegenteil: Mit jeder Frau, die hinzukommt, wird sie stärker. Ein solcher Zusammenhalt bringt uns schlussendlich viel schneller die Veränderungen, die wir uns für unser Leben und das Leben unserer Gemeinschaft wünschen – egal, ob während der Arbeit, in einer Beziehung oder innerhalb unserer Familie. Mit Zusammenhalt stärken wir uns und machen das Leben ein Stück lebenswerter und erfüllter für alle Beteiligten. Für eine Community, die sich so viel sicherer, stabiler und freier anfühlt.

Wie kann Zusammenhalt aussehen?

Zusammenhalt funktioniert vor allem dann, wenn wir uns wirklich sehen – als Menschen, mit unseren Geschichten und Fähigkeiten. Wir müssen uns nicht immer verstehen, nicht immer einig sein, aber die Augen dafür öffnen, dass wir alle unterschiedliche Werte leben. So entsteht Vielfalt. Für eine Community kann man nicht zu alt oder zu jung sein, zu gebildet oder ungebildet. Es gibt keinen Standard, wie du zu sein hast und was du erfüllen sollst. Eine Community lebt von Diversität. Jede und jeder von uns kann ein Vorbild für andere sein. Von dieser Chance können wir alle profitieren. Denn je mehr unterschiedliche Menschen sich in einer Community befinden, desto mehr Wachstumspotenzial gibt es. Menschen und Communities wachsen nicht, wenn wir immer das Gleiche tun und uns mit dem gleichen umgeben. Wir wachsen, wenn viele unterschiedliche Ideen zusammengetragen werden, verschiedenes ausprobiert wird und schlussendlich die besten Ideen umgesetzt werden.

Wir dürfen nicht den Fehler machen, nur Menschen für unsere Community zu begeistern, die uns sehr ähneln. Das passiert oft automatisch, weil diese Menschen vertraut wirken und wir uns oft schnell mit ihnen identifizieren können. Die echte Chance für eine Veränderung liegt in meinen Augen aber in den Unterschieden von Menschen. Wir dürfen beginnen, zusammenzuhalten – auch wenn wir anders sind – oder gerade deswegen. Wir dürfen beginnen, unsere Andersartigkeit wertzuschätzen und sie als Anlass zu nehmen, Neues zu lernen. Wir alle sind hier, um einen Unterschied zu machen und unser Leben in vollen Zügen zu genießen.

> **Die echte Chance für eine Veränderung liegt in meinen Augen aber in den Unterschieden von Menschen.**

Manchmal sind es nur eine Handvoll Menschen, manchmal sind es tausende. Wir alle suchen nach etwas, das uns leitet, erfüllt und das uns Glück verspricht. Dabei tragen wir diese Eigenschaften schon längst in uns. In Interaktion können wir sie leben, spüren und mit anderen teilen – sodass diese Erfahrungen noch realer und stärker für uns und andere werden. Warum machen wir diese Erfahrungen also nicht so bunt und vielfältig wie möglich? Lasst uns beginnen, niemanden auszuschließen, niemanden zu übersehen und erst recht niemanden zu übergehen. Es sind oft die Menschen, die an den Rand gedrängt werden, die uns so viel zu erzählen haben. Sie sind es, die Geschichten zu erzählen haben und wissen, woran es der Gesellschaft fehlt. Aber auch Menschen aus anderen Kreisen, Kulturen, aus anderen Generationen bringen Erfahrungen mit, die sehr wertvoll für uns sind. Lasst uns nicht überheblich werden und denken, dass nur bestimmte Menschen uns etwas lehren können. Selbstverständlich können wir von den Menschen lernen, die schon dort sind, wo wir sein wollen. Aber wir können auch eine Menge von den Menschen lernen, die sich an einem ganz anderen Punkt befinden. Jeder Mensch ist ein Lehrer oder eine Lehrerin, wenn du das zulässt.

Eine meiner größten Lehrerinnen ist ein Mädchen von rund 10 Jahren, die so unbeirrt ihre Meinung sagt und ihr Ding durchzieht, dass ich ganz verblüfft von ihrem Selbstbewusstsein bin. Sie versucht nicht, jemandem zu gefallen. Sie verschwindet, wenn es ihr passt. Sie sagt, was sie denkt und sie lächelt nicht, nur um höflich zu sein, wenn ihr nicht danach ist. Sie entschuldigt sich nicht, wenn es nicht ihre Schuld war. Sie weiß genau, wer sie ist und steht dazu. Das beeindruckt mich enorm und hat mir zu verstehen gegeben, wie sehr ich mir diese Haltung manchmal für mein eigenes Leben wünsche.

> **Jeder Mensch ist ein Lehrer oder eine Lehrerin, wenn du das zulässt.**

Neugier macht glücklich

Zusammenhalt entsteht außerdem durch Offenheit. Wie viele Menschen tragen Scheuklappen, verlassen ein Leben lang nicht den Pfad, den sie vor Jahrzehnten eingeschlagen haben und denken, dass sie wüssten, was für alle richtig ist? Wir dürfen den Mut entwickeln, sie nach ihren Geschichten zu fragen. Menschen wollen gehört und gesehen werden. Mit deinen Fragen und deinem aufrichtigen Interesse gibst du ihnen genau dieses Gefühl. Aber nicht nur das, du wirst die Menschen wirklich kennenlernen und erkennen. Zwischen Kennen und Erkennen liegt ein Unterschied. Kennen bedeutet, Namen, Beruf, Eigenschaften, Hobbies und Wohnort zu wissen. Erkennen bedeutet, dich mit der Person und ihrer Geschichte auseinandergesetzt zu haben und zu verstehen, wie sie denkt und welche Gründe ihre Handlungen bewegen. Lerne, neugierig zu werden und lerne, von anderen zu lernen. Umgekehrt wird es dir helfen, dass andere Menschen dir vertrauen und sich dir öffnen, wenn du aufrichtig zuhörst. Von lockeren Gesprächen kannst du mit den richtigen Fragen und der richtigen Einstellung schnell viel über dein Gegenüber erfahren. Gib dir selbst jetzt das Versprechen, dass du verantwortungsvoll damit umgehst. Hier fängt Zusammenhalt untereinander an. Schnell habe ich selbst dabei gemerkt, wie ähnlich wir im Kern sind. Wir alle haben einen Rucksack zu tragen und unsere Aufgabe zu erfüllen, aber wenn du neugierig bleibst, wirst du dich mit anderen verbinden können.

„We are all in this together."

Wie gehe ich auf andere zu?

Sieh dich um. Überall umgeben dich Menschen, die etwas zu erzählen haben. Nimm wahr, zu wem du dich besonders hingezogen fühlst und gehe zuerst auf diese Personen zu. Besuche zum Beispiel Veranstaltungen allein, sprich mit Menschen im Flugzeug oder in der Bahn oder triff Freunde von Freunden. Besuche einen Coworking Space, einen Park, ein Café, Konzerte oder schreibe anderen eine Nachricht in den Sozialen Netzwerken. Ich selbst habe so nicht nur inspirierende Gespräche geführt, sondern auch tolle Freunde und Freundinnen gewonnen und kenne zahlreiche Menschen, denen es genauso geht. Nimm deinen Mut zusammen und erinnere dich daran, dass es nicht um dich geht. Es geht um die andere Person. Du bist neugierig, möchtest mehr erfahren und der anderen Person die Chance geben, mehr von sich zu erzählen. Versuche, dich weniger in den Gedanken zu verfangen, wie du auf sie wirkst, sondern lege den

Fokus darauf, herauszufinden, was die andere Person ausmacht. Nutze das Gespräch eher als Chance, dem oder der anderen eine Bühne zu geben. Das Ergebnis ist dabei erst einmal völlig egal. Gehe ohne Erwartungen in das Gespräch und erinnere dich daran, dass du immer mit Mehrwert herausgehen kannst. Wie auch immer dein Gespräch endet, zeige dich dankbar für die Erfahrung, mehr über jemanden gelernt zu haben. Du hast die Welt damit ein kleines Stück mehr kennengelernt. In meinen Augen ist es ein Irrtum, zu denken, dass es nur eine Realität und eine Wahrheit gibt – nämlich unsere. Es gibt womöglich so viele Wahrheiten wie Menschen, weil wir alle unterschiedliche Erfahrungen machen. Und je mehr Einblicke du darin bekommst, desto mehr verändert sich auch deine Wahrheit.

> **Wie auch immer dein Gespräch endet, zeige dich dankbar für die Erfahrung, mehr über jemanden erfahren zu haben.**

Es lohnt sich, mutig zu sein. Sprich auch mit Menschen, die auf den ersten Blick eher weniger interessant auf dich wirken. Auch hier könntest du überrascht und dein Leben mit neuen Sichtweisen bereichert werden.

Die Königinnendisziplin ist im Anschluss, ein aufrichtiges Interesse an Menschen zu zeigen, die du überhaupt nicht magst. Vielleicht findest du dann auch den wahren Grund heraus, warum du sie nicht magst. Denn vergiss nicht: Dass du sie nicht magst, hat weniger mit der Person vor dir zu tun als mit dir selbst. Es ist jedoch egal, um welche Person es sich handelt. Zeige ihr immer, dass du für sie da bist (wenn du das gerade kannst). Zeige ihr, dass du nicht nur mehr über sie erfahren willst und dann stehen lässt. Biete deine Hilfe an, überlege, was du ihr Gutes tun kannst und frage nach, was dein Gegenüber gerade brauchen könnte. Solche offenen Gespräche vor allem mit fremden oder wenig bekannten Personen brauchen manchmal etwas Mut. Nutze dies als Challenge und als Herausforderung, deinen Teil zur Community beizutragen und Teil von etwas Größerem zu werden. Nutze dies als Gelegenheit, dich überraschen, inspirieren und begeistern zu lassen. Jedes Gespräch ist eine Überraschung, denn du weißt zuvor nie, was das Ergebnis deines Austauschs ist. Du kannst nach jedem Gespräch für dich abwägen, was du mitnehmen kannst.

Andere Menschen sind für mich die wohl größte Inspirationsquelle, wenn es darum geht, mein Leben zu gestalten. Denn mit jedem Menschen erfahre ich eine neue Weltsicht und eine neue Lebensart. Es lohnt sich – vor allem, wenn du mit der Intention in ein Gespräch gehst, wirklich zuzuhören und nicht deinem Gegenüber möglichst smart zu antworten. In der EMPOWERED ACTION erfährst du genau, wie du das machen kannst.

„I'm a reflection of the community."

Vertrauen schafft Verbundenheit

In einer Community und im Umgang mit anderen steht Vertrauen an oberster Stelle. Im ersten Teil des Buches ging es darum, dir selbst mehr zu vertrauen und zu verstehen, wie selbstwirksam du bist. Nun geht es darum, Vertrauen zu anderen aufzubauen. Vertrauen ist der Schlüssel zu mehr Verbundenheit untereinander und zu einer stärkeren Community, die noch mehr bewegen kann. Neben dem Zuhören darf und soll natürlich auch gesprochen werden. Egal, ob in einer ehrlichen und authentischen Kommunikation mit dir selbst, mit deiner Familie, deinem Partner oder deiner Partnerin oder eben zu deiner Community: Sprich mit allen so ehrlich, respektvoll und authentisch wie möglich. Erzähle ihnen, was du fühlst, denkst und glaubst und gehe dabei auch schwierigen Gesprächen nicht aus dem Weg. Gerade solche Gespräche sind die wichtigsten.

Eines meiner schwierigsten Gespräche war das Gespräch mit mir selbst, in dem ich anerkennen musste, dass mit meinem Essverhalten etwas gehörig schief lief. Ich musste anerkennen, dass ich da allein nicht herauskommen würde und dringend Hilfe brauchte. Ich wollte wieder gesund werden, ich wusste aber einfach nicht, wie. Ich wollte nicht als ein Mensch in einer Statistik enden, der es aufgrund der Essstörung nicht geschafft hat und gestorben ist. Ich wollte das Geschenk „Leben" annehmen. Ich ging mit mir ins Gericht. Dieses innere Gespräch war das wohl schwierigste, das ich je mit mir geführt habe – weil es um so viel ging. Es ging darum, wie meine Zukunft aussehen würde und mit wie viel Freude ich den Rest meines Lebens bestreiten könnte – beziehungsweise, ob ich den Rest meines Lebens überhaupt bestreiten könnte. Dazu brauchte ich eine gehörige Portion Mut, unzählige Anläufe und Versuche. Immer wieder gab es Situationen, in denen ich genau wusste, dass es Zeit für dieses Gespräch mit mir selbst war. Es kostete so viel Kraft und Überwindung, aber ich glaube, dass es schlussendlich der Wille war, wieder richtig am Leben teilzunehmen, der mich dazu befähigte. Ich wusste aber auch, dass dieser Moment erst der Anfang war. Ich habe lediglich das Gespräch mit mir selbst geführt und anerkannt, dass ich Hilfe brauchte. Ich habe zu diesem Zeitpunkt aber noch nicht gehandelt. Und hier wurde es richtig schwierig. Ich trat endlich an meine Familie und an Ärzte und Ärztinnen heran. Als wäre es gestern gewesen, weiß ich noch, wie ich in der Küche stand und mir meine viel zu kleine Schüssel Müsli machte. Meine Mutter stand hinter mir und setzte gerade dazu an, mich zu ermahnen, mehr zu essen. In diesem Moment stieg der Druck so sehr, weil ich es einfach nicht schaffte. Ich wollte, aber ich konnte nicht. Irgendetwas in meinem Kopf hat mich daran gehindert und das machte mir Angst. Das war der Moment, in dem ich gespürt habe, nicht mehr frei, selbstbewusst und richtig lebendig zu sein. „Ich kann das nicht allein, ich brauche Hilfe.", waren die Worte, die mich für vier Monate in die Kinder- und Jugendpsychiatrie brachten. Ich wusste zwar, dass dieses Gespräch nicht einfach werden würde, aber ich wusste auch, dass die Folgen meiner Erkrankung noch schwieriger zu tragen sein würden. Doch es hat sich gelohnt – jeder einzelne Tag, an dem ich Schritt für Schritt den Mut fand, mich für ein selbstbestimmtes Leben zu entscheiden. Das hat mir enorm viel Selbstvertrauen gebracht.

Gehe schwierigen Gesprächen nicht so lange aus dem Weg wie ich damals, selbst wenn du die Konsequenzen nicht kennst. Solange du ehrlich mit dir und anderen bist und kommunizierst, was du denkst, braucht und fühlst, ist es kein Fehler, deine Gedanken und Gefühle auszusprechen. Es ist vielmehr dringend notwendig, wenn du möchtest, dass sich dein Leben und das Leben anderer zum Positiven wendet. So oft ist es die Angst, die dich davon abhält, solche Gespräche zu führen, weil du die Antwort nicht hören möchtest. Aber diese Gespräche sind die wichtigsten, um mehr Klarheit zu schaffen und deine Beziehungen zu stärken. In den meisten Fällen ist das Ergebnis dieser Gespräche positiv und überraschend, weil sich unser Kopf bereits die schlimmsten Szenarien ausgemalt hat. In anderen Fällen treffen unsere Erwartungen und Befürchtungen zu. Das gibt dir dann die Möglichkeit, basierend auf der Wahrheit zu handeln und neue Entscheidungen zu treffen, wie es weitergeht. Um auch dein Gegenüber verstehen zu können, was ihn oder sie dazu veranlasst, so zu handeln und zu fühlen, braucht es diese Gespräche. Denn sie schaffen Vertrauen, Verständnis und Zusammenhalt.

Aber was passiert bei Fehlern? Was passiert, wenn ich einen Fehler gemacht, jemanden enttäuscht oder verletzt habe? Fehler sind menschlich und nicht alle können vermieden werden.

Gerade wenn es um die Interaktion miteinander geht, kommt es zu Missverständnissen, offenen Fragen oder eben vermeintlichen Fehlern. Dort, wo Menschen sind, passieren Fehler. Aber diese Fehler sind kein Grund, den Kopf in den Sand zu stecken, selbst wenn sie uns das Gefühl geben können, versagt zu haben. Wer Fehler macht, darf sie sich zunächst eingestehen und dann offen mit diesen Fehlern umgehen. Was passiert, wenn man das nicht tut? Dann passieren Dinge wie zerrüttete Familien, Streitigkeiten, die nie geklärt werden, Enttäuschungen, Missverständnisse, Hass, Neid, Missgunst und Verletzungen. Mir tut es in der Seele weh, wenn ich Menschen sehe, die seit Jahrzehnten nicht miteinander sprechen, obwohl sie aus einer Familie stammen. Oder von Trennungen höre, die in einem Rosenkrieg enden, weil ein oder beide Partner zu wenig Mut hatten, mit offenen Karten zu spielen.

> **Wer Fehler macht, darf sie sich zunächst eingestehen und dann offen mit diesen Fehlern umgehen.**

Sieben Milliarden Menschen, sieben Milliarden Bedürfnisse, Meinungen und Wahrheiten. Finde die Menschen, die du unterstützen möchtest und die dich unterstützen. Finde die Menschen, mit denen du dein Leben verbringen möchtest, gemeinsame Ziele erreichen und über dich hinauswachsen möchtest. Wer schon einmal enttäuscht wurde – und ich gehe davon aus, dass wir uns alle dazu zählen können – weiß, wie fragil Vertrauen ist. Vertrauen aufzubauen braucht Zeit, mitunter Jahre, und kann binnen Sekunden erschüttert werden. Das darf uns aber nicht davon abhalten, tiefe Verbindungen zu schaffen, die uns Sicherheit geben. Verbindungen, in denen wir wir selbst sein dürfen, aber auch Raum haben, um zu wachsen.

Was du fühlst, ist richtig

Wir dürfen in Kauf nehmen, die Stimmung zu vermiesen, weil wir unsere Wahrheit aussprechen, und wir dürfen den Mut finden, nicht nur für uns selbst, sondern auch für andere aufzustehen. Kommt dir etwas komisch vor? Empfindest du etwas als ungerecht? Siehst du, wie jemand unfair behandelt wird? Was bringt dein Blut zum Kochen oder was treibt dir die Tränen in die Augen? Je enger du mit dir selbst verbunden bist, desto mehr nimmst du solche Regungen in deinem Körper wahr und desto unmöglicher wird es, nichts zu tun.

Ich kann mich noch gut an eine Situation zurückerinnern, die mir genau das gezeigt hat. Ich saß zusammen mit einer Gruppe von Menschen am Tisch und wir aßen zu Abend. Ein Kind war dabei, das eine dunklere Hautfarbe hatte als alle anderen, und es wollte nicht essen. Nebenan ertönte es vom Onkel des Kindes: „Kinder in deinem Land verhungern, du solltest froh sein, dass du etwas zu essen hast." Ich traute meinen Ohren kaum. Der eigene Onkel, wohlgemerkt weiß, sagte so etwas zu seiner Nichte? Ich machte drei Kreuze, dass das junge Mädchen ihn hoffentlich noch nicht verstehen konnte, hatte aber das ungute Gefühl, dass sich so etwas trotzdem unterbewusst ins Gedächtnis brennt. Ich konnte nicht anders, als etwas zu sagen. Ich wies darauf hin, wie rassistisch diese Aussage sei. Das löste eine riesige Debatte aus und die Stimmung war für den Rest des Abends gelaufen. Trotzdem und obwohl mir keiner zustimmte, bin ich froh, etwas gesagt zu haben und hoffe, damit dennoch etwas bewirkt zu haben. Leider gab es nämlich Situationen zuvor, zu denen ich nichts gesagt habe, um Streitigkeiten zu vermeiden, und das bereue ich. Es ist wichtig, dass du sprichst, wenn du das Verlangen und das Bedürfnis hast, zu sprechen. Es ist richtig, was du fühlst und nur weil alle anderen nicht so fühlen und denken, liegst du nicht falsch.

„Strong people stand up for themselves. Stronger people stand up for others.“

5 Schritte für mehr Zusammenhalt

An dieser Stelle möchte ich dich ermutigen, alles für andere zu tun, was sich für dich richtig anfühlt. Wenn du das Bedürfnis hast, etwas zu sagen, für andere einzustehen oder andere zu unterstützen, solltest du das unbedingt tun. Du hast dieses Bedürfnis nicht einfach so, du hast es, weil es dir wichtig ist. Denke nicht, dass du und dein Handeln keinen Unterschied machen.

Step 1 – Du weißt nicht alles

Führe dir vor Augen, wie wenig du in den meisten Fällen über andere weißt. Du blickst durch deine eigene Brille auf andere. Auch das ist natürlich, aber oft sehr hinderlich dabei, jemanden wirklich kennenzulernen. Mache dir bewusst, wie wenig du über andere weißt, bis du wirklich mit ihnen ins Gespräch gekommen bist. Nimm eine offene Haltung ein und urteile nicht vorzeitig. Das macht jegliche Chance zunichte, deine Community mit Menschen zu erweitern, die ähnliche Ziele und Visionen haben wie du oder dich etwas lehren, das du vorher noch nicht wusstest oder verinnerlicht hast. Denn jeder Mensch ist ein Lehrer und Spiegel zugleich. Alles, was du an dir magst und was du an dir selbst nicht ausstehen kannst, wird dir die andere Person spiegeln. Sie wird dir sympathisch sein, dich inspirieren oder dich nerven – und spiegelt dir damit vor allem das Bild, das du von dir selbst hast.

Step 2 – Höre zu und höre hin

Wie oft gehen wir in ein Gespräch, nur um Antworten zu geben? Gehe in ein Gespräch mit der Intention, zuzuhören. Höre genau zu, was dein Gegenüber dir sagt, aber höre auch hin, wie sie spricht. Welche Sprache verwendet sie, wie verhält sie sich, welche Reaktionen zeigt sie? Höre zu, beobachte, nimm wahr und versuche, die andere Person zu verstehen. Das alles kann dir mehr Aufschluss darüber geben, wie es deinem Gegenüber geht. Es hilft dir, sie zu verstehen und eröffnet dir weit mehr als lediglich ein oberflächliches Gespräch. Es eröffnet dir den Zugang zu einem Menschen.

Step 3 – Lerne

Die meisten Dinge können wir lernen, indem wir Fragen stellen. Fragen eröffnen uns neue Ansichten. Jede Konversation verhilft dazu, dass wir etwas lernen – dafür dürfen wir die richtigen Fragen stellen. Sie führen dazu, jemanden wirklich kennenzulernen, statt nur an der Oberfläche zu kratzen. Stelle gezielte Fragen und das Wichtigste: Stelle sie aus einem aufrichtigen, wahren Interesse heraus. Mögliche Fragen können folgende sein:

1. Worüber denkst gerade besonders oft nach?
2. Was beschäftigt dich?
3. Was bereitet dir Freude?
4. Bist du zufrieden? Was brauchst du, damit du zufriedener wirst?
5. Welchen Rat würdest du deinem jüngeren Ich geben?
6. Wen würdest du gerne einmal treffen? Was würdest du sie oder ihn fragen?
7. Wie würdest du deine Kindheit beschreiben?
8. Was würdest du machen, wenn du nur noch drei Stunden zu leben hättest?
9. Worauf bist du am meisten stolz?
10. Gibt es etwas, das du schon immer machen wolltest und warum hast du es noch nicht getan?

Step 4 – *Finde heraus, was du tun kannst*

Nachdem du nun mehr zu einer Person erfahren hast, darfst du schauen, wie du diese Person weiterbringen könntest. Denke nicht zuerst daran, was sie dir bringen könnte, sondern was du tun kannst, um sie zu unterstützen. Vielleicht kennst du jemanden, der ein interessanter und hilfreicher Kontakt sein könnte, vielleicht kannst du selbst mit deinen Fähigkeiten, Stärken oder deinem Wissen weiterhelfen. Frage nach, was dein Gegenüber gerade braucht, um sich besser zu fühlen und weiter zu kommen. Du wirst überrascht sein, wie oft das nur kleine Dinge sind, die du mit links tun kannst. Manchmal hast du mit dem ehrlichen Gespräch bereits alles getan, was sich die andere Person gewünscht hat: Gesehen und gehört zu werden.

Step 5 – *Bedanke dich*

Wann hast du das letzte Mal Danke gesagt? Wann hast du dich das letzte Mal für ein Gespräch bedankt? In meinen Augen tun wir das viel zu selten – vor allem, wenn es um private statt um geschäftliche Gespräche geht. Es verdient Wertschätzung und Dank, wenn dir jemand das Vertrauen entgegenbringt und sich dir anvertraut. Wenn dir jemand etwas Persönliches von sich erzählt, darfst du ihm oder ihr zeigen, dass du es nicht als selbstverständlich ansiehst und es bei dir gut aufgehoben ist. Du signalisierst deinem Gegenüber deine Wertschätzung und stärkst die Verbundenheit zwischen euch. Die Zeit von anderen ist ein Geschenk an dich.

Wenn wir als Community mehr zusammenhalten und gemeinsam wachsen möchten, dürfen wir beginnen, ehrlich zu uns selbst zu sein und dann auch ehrlich mit anderen. Wir dürfen beginnen, aufzustehen, wenn wir es für richtig halten. Uns nicht klein zu halten, sondern für wichtig genug nehmen, dass wir anderen helfen können – und gleichzeitig wissen, dass wir nur gemeinsam wirklich weit kommen. Weil jeder auch mal Hilfe braucht, gehört und gesehen werden will.

EMPOWERED ACTION – Zusammenhalt stärken

Ziel: Stärke den Zusammenhalt innerhalb deiner Community.

Die wirklich großen Veränderungen geschehen aber nicht aus dem Wunsch, das größte Stück vom Kuchen zu bekommen. Die größten Veränderungen bestehen darin, dein Leben und das Leben anderer nachhaltig zu verändern. Deine EMPOWERED ACTION besteht darin, die Menschen in deiner Community zu fragen, wie du ihnen helfen kannst. Komme nach und nach mit den Menschen ins Gespräch, um sie wirklich zu verstehen und ihnen zuzuhören. Weil es in diesem Teil des Buches nicht um dich geht, sondern um andere und um etwas Größeres als dich, gibst du einen Teil von dir, statt zu nehmen. Nimm noch einmal Kontakt zu den Menschen auf, die du dir in der letzten EMPOWERED ACTION zu deiner Community notiert hast und frage sie ganz konkret danach, ob und wie du sie unterstützen kannst, falls du das im Gespräch nicht bereits getan hast. Mache es dir zur Gewohnheit, anderen diese Frage immer wieder zu stellen. Das Ergebnis: Mit großer Wahrscheinlichkeit gibt dir das ganz neue Einblicke und Einsichten. Du lernst die Menschen oft von einer ganz anderen Seite kennen, wenn du ihnen Zusammenhalt und Vertrauen signalisiert und stärkst das Band zwischen euch. Du bringst sie in ihrem Vorhaben voran und stärkst damit gleichzeitig deine Community.

EMPOWERED ACTION – 3 Minuten Quickie

Beginne mit einer einzigen Person – wähle die Person, die du in der letzten Übung zuerst kontaktiert hast und frage sie danach, wie du ihr helfen und wie du sie unterstützen kannst. Wenn sie keine Hilfe annehmen möchte, kannst du ihr vorschlagen, sie zum Beispiel mit anderen Menschen zu vernetzen oder ihr auf eine andere Art und Weise eine Freude machen – zum Beispiel indem du ihr Gutes tust und sie auf einen Kaffee einlädst. Auch hier gilt: Nimm jetzt dein Journal zur Hand, suche dir eine Person aus, die du dir in der letzten EMPOWERED ACTION notiert hast und stelle eine der wichtigsten Fragen des Lebens: Wie kann ich dir weiterhelfen? Es dauert maximal drei Minuten, also kontaktiere sie genau jetzt!

Ergebnis: Du kannst nun den Zusammenhalt innerhalb deiner Community stärken, indem du dich selbst zurücknimmst und etwas an andere weitergibst.

Unsere Größe

Nun hast du es fast geschafft und bist beim letzten Kapitel dieses Buches angekommen. Ich hoffe, dass du die EMPOWERED ACTIONS fleißig erledigt hast, um das meiste aus diesem Buch herauszuholen und die Veränderung hervorzurufen, die du dir wünschst. Ich hoffe, du hast keine EMPOWERED ACTION übersprungen, weil sie aufeinander aufbauen. Vor allem der letzte Teil liegt mir am Herzen und ich hoffe, dass die *Übungen* dir zeigen, wie wertvoll unsere Community und unser Zusammenhalt sind. Was wären wir ohne sie?

Sich die eigene Größe bewusst zu machen, ist nicht immer einfach. Die Botschaften, die uns von außen erreichen, sind nämlich meistens genau das Gegenteil davon. Sie sagen uns vielleicht, dass wir nicht gut genug sind, uns immer etwas fehlt oder wir sowieso nichts verändern können. Meistens reichen diese Botschaften von verschiedenen Institutionen, Personen und Interessensgruppen an uns heran, ohne dass wir diese unbewusste Beeinflussung bemerken. Schon als Kind hören wir bestimmte Botschaften immer wieder, sodass wir irgendwann beginnen, sie zu glauben. Gemeinsam können wir es aber schaffen, diese Botschaften so zu verändern, dass sie uns konstruktiv nach vorne bringen und nicht zurückhalten. Wir können dafür sorgen, dass sie uns *empowern* und nicht kleinhalten. Wir können die Stimme von außen für andere sein, die nicht mit den Zweifeln und Begrenzungen einstimmt. Es ist uns überlassen, was wir anderen mit auf ihren Weg geben möchten.

Weil sich bereits viele Frauen dafür entschieden haben, andere Frauen zu *empowern,* weiß ich, welch große Auswirkungen deine Worte und dein Handeln auf das Leben anderer haben können. Frauen, die deutlich erfahrener und weiter in ihrer Karriere waren als ich, haben mir ihr Vertrauen entgegengebracht, mir weitergeholfen und den Rücken gestärkt. Frauen haben mir das Vertrauen entgegengebracht, ein Buch zu schreiben. Sie haben mich gelehrt, für nichts zu schade zu sein. Sie haben mir Nachrichten über verschiedene Social Media-Kanäle geschickt, um sich zu vernetzen oder mir einfach eine ermutigende Botschaft zu hinterlassen. Sie haben mir zugehört und mich gesehen. Sie haben sich die Zeit für ein Vorwort genommen. Sie haben mir Komplimente gemacht. Sie haben sich für meinen Erfolg eingesetzt. Sie haben mich inspiriert.

Ein sehr ermutigendes Ereignis für mich fand vor einigen Jahren statt. Es war der erste Kommentar auf meinem Blog, der von einer fremden Person stammte. In dem Kommentar schrieb die Leserin, wie sehr ihr mein Blog geholfen hat, einen neuen Weg einzuschlagen und ihm mutig zu folgen. Es waren bereits einige Monate vergangen, dass ich meinen Blog live stellte. Die Nachricht hat mir dann einen echten Motivationskick gegeben, weil sie mich daran erinnerte, warum ich den Blog startete. Zwar glaubte ich ganz fest daran, dass die mühevoll verfassten Artikel sicher irgendwann jemandem etwas nützen würden. Es aber schwarz auf weiß zu lesen, war eine große Belohnung. Bis heute kann ich mich noch an sie erinnern, als wäre es gestern gewesen und bis heute stellt sie einen meiner Antriebe da. Mit der ersten Nachricht kamen weitere hinzu und dieses Gefühl, durch meine Texte und meine Arbeit das Leben einer anderen Person bewegen zu können, ist ein erfüllendes Gefühl.

Mir ist durchaus bewusst, dass nicht jeder gut findet, was ich mache, sage und denke. Das ist auch gar nicht mein Anspruch. Mein Anspruch ist es, diejenigen zu inspirieren und zu empowern, die sich das wünschen, genau wie ich damals. Denn durch meine eigene Geschichte weiß ich auch, wie kraftvoll und bewegend die Arbeit anderer für das eigene Leben sein kann.

Auch ein Gespräch zwischen mir und einer Frau, die deutlich weiter in ihrer Karriere war als ich, hat mich dabei nachhaltig geprägt. Sie hat sich mit mir auf Augenhöhe unterhalten. Kein einziges Mal hat sie durchscheinen lassen, dass eigentlich sie die erfahrene Person ist. Im Gegenteil: Sie hat mich immer wieder für meine Arbeit wertgeschätzt. Sie hat sich geduldig meinen Fragen gestellt und mir gespiegelt, wie wichtig meine Arbeit ist. Abgesehen davon, dass solche Gespräche wie Balsam für die Seele wirken und neue Motivation schenken, ist diese Art und Weise, anderen zu begegnen, auch ein Zeichen von Leadership für mich. In meinen Augen ist ein echter Leader oder eine echte Leaderin eine Person, die anderen ganz unaufgeregt auf Augenhöhe begegnet, Fragen stellt, den Ball zurückwirft. Es entsteht ein Gespräch, das produktiv für beide Seiten ist. Denn das bedeutet, dass du dich selbst und deine eigenen Errungenschaften auch mal zurückstellen und die Wertschätzung in anderen finden darfst. Andere groß zu machen und die eigene Größe dabei nicht zu verkennen, ist wohl eine der wichtigsten Fähigkeiten, die wir brauchen, wenn wir uns eine nachhaltige Veränderung wünschen.

Ich weiß noch, wie ich einer meiner Lieblingsautorinnen aus den USA eine Nachricht über Instagram schickte. Mit ihrer riesigen Masse an Followern dachte ich, die Nachricht würde sowieso untergehen, aber ich schickte sie dennoch ab. Ich war so berührt davon, wie ehrlich sie ihre Gefühle in der Story geteilt hat. Ich hatte das Bedürfnis, ihr ein paar kurze Zeilen meiner Dankbarkeit für diese Story zu schreiben und sendete die Nachricht einfach ab. Ihre Antwort überraschte mich, weil sie sie in ihrer Story teilte, sich dort bedankte und zusätzlich in einer privaten Nachricht. Ich war so überrascht von ihrer positiven Rückmeldung, dass ich meiner Mum davon erzählte, doch sie schien überhaupt nicht überrascht zu sein. „Katharina, warum bist du überrascht, wenn du selbst tagtäglich Frauen mit positiven Botschaften erreichst?" Okay, so hatte ich das noch gar nicht betrachtet. Und merkte plötzlich, dass es gar nicht so schwer ist, Female Empowerment zu leben. Alle tun es auf ihre eigene Weise und jede Weise ist wertvoll.

„Empowered women empower women."

Soft Power to the people

Dieses Buch hat dir hoffentlich ein Bild davon gegeben, wie viel Macht in jeder einzelnen von uns steckt und insbesondere in uns als Gruppe. Mit Macht meine ich hier nicht die Macht, die nur einflussreichen Menschen innewohnt. Es gibt unterschiedliche Arten von Macht, die zu einer Veränderung führen kann. Der Politikwissenschaftler Joseph Nye hat das Konzept der Soft Power und der Hard Power in Bezug auf die Machtausübung von politischen Akteuren und Staaten gegenüber anderen Staaten oder Gesellschaften entwickelt. Mit Hard Power sind unter anderem militärische Ressourcen oder wirtschaftliche Anreize gemeint. Soft Power hingegen beschreibt die Vermittlung von Normen und Werten, die Anziehungskraft, Vorbildfunktion und Attraktivität von Staaten, eine beispielhafte Regierungsführung oder auch literarisches und kulturelles Erbe. Diese sollen zu einer nicht-militärischen Lösung von Konflikten in internationalen Beziehungen beitragen. Überträgt man dieses Konzept der zwei Arten von Macht auf die Macht der Menschen innerhalb einer Gesellschaft, wird deutlich, dass auch hier zwei Arten von Macht ausgeübt werden können. Zum einen die Art von Macht, die Gesetze bestimmt und „Strippenzieher" verlangt, häufig die Menschen, die viel Einfluss und finanzielle Ressourcen zur Verfügung haben. Das sind dann vor allem strategische Entscheidungen in Bezug auf Staatsgewalt, Gesetze oder verbindliche Regeln. Dann bleibt aber noch die andere Art der Macht, die jedem Menschen innewohnt. Die Macht, die durch unsere Strahlkraft, unsere Werte und Normen und unsere Vorbildfunktion entsteht. Nach Joseph Nye entspricht die Kombination aus Soft Power und Hard Power der Smart Power. Wir brauchen also beides, um die optimale Position für eine Veränderung zu erreichen. Bis uns aber alle Mittel zur Verfügung stehen, können wir unsere eigene Soft Power und die Mittel nutzen, die wir bereits haben. Mit dieser Art von Macht können wir gesellschaftliche Normen verändern, die sich über Jahre etabliert haben – und die noch nicht dazu beitragen, dass jede und jeder sein volles Potenzial leben kann. Diese Art von Macht ist nicht explizit und aggressiv, diese Macht ist implizit und leise. Aber kann diese Macht deswegen weniger verändern? Definitiv nicht. Sicherlich gibt es weiterhin Situationen, an denen wir ohne Hard Power wenig ändern können. Trotzdem dürfen wir aufhören, uns machtlos zu fühlen oder in eine Opferposition zu begeben, denn wir sind selten Opfer unserer Umstände. In den meisten Fällen schaffen wir es gemeinsam durch schwierige Zeiten, rufen Veränderungen hervor und gestalten das Leben ein Stück bunter und positiver. In dieser Haltung liegt unsere Macht. Diese Haltung lässt auch mich nicht den Kopf in den Sand stecken, sondern die Buchstaben weiterhin in die Tastatur hacken. Der Glaube an unsere Größe und unsere Macht ist zu groß. Wir müssen nicht darauf warten, bis uns andere Macht erteilen, wir dürfen sie uns selbst nehmen, soweit es uns möglich ist. Und es ist mehr möglich, als wir glauben. Vor allem in einem demokratischen und freien Land wie Deutschland stehen uns Ressourcen und Mittel für unsere Projekte zur Verfügung wie in kaum einem anderen Land. Auch wenn wir eine Situation nicht immer direkt verändern können, stehen uns Mittel zur Verfügung, die die Veränderung ins Rollen bringen können. Geht es darum, mehr Frauen darin zu bestärken, sich gegenseitig zu unterstützen, kann das auf zahlreiche Weisen passieren. Ich habe mich damals für den Weg über das Internet entschieden, aber es geht auch anders, wie viele Beispiele zeigen.

Wir dürfen uns unsere Chancen selbst schaffen, denn alle Möglichkeiten stehen uns offen. Es gibt niemanden, der uns verbietet, unsere Träume und Visionen zu leben. Weder für unser eigenes Leben, noch für unsere gemeinsamen Projekte und Ver-

> **Wir müssen nicht darauf warten, bis uns andere Macht erteilen, wir dürfen sie uns selbst nehmen, soweit es uns möglich ist.**

änderungen. Es ist wahr. Es kann sein, dass wir viel dafür tun müssen und uns nichts geschenkt wird. Mir persönlich ist es das aber wert. Ich weiß, dass wir stark, smart und selbstbewusst sind. Und ich weiß, dass die nachfolgenden Generationen an Frauen mindestens genauso stark, smart und selbstbewusst sein werden wie wir.

Nichts desto trotz ...

So stark, smart und selbstbewusst wir auch sind, so menschlich sind wir auf der anderen Seite. Menschlich zu sein, bedeutet unperfekt zu sein und nicht immer alles richtig zu machen und es auch gar nicht zu wollen. Wir müssen keine Hülle aufrecht erhalten und uns als Showstar beweisen. Für wen? Wir dürfen zeigen, dass wir ein Mensch mit all unseren Erfahrungen, Hürden und Ängsten sind. Manchmal wären wir wahrscheinlich alle gerne Showstars und sind dann enttäuscht, dass wir „nur" Menschen sind.

Mir wird das ganz besonders bewusst, wenn ich meine Fachgebiete verlasse und mich auf Terrains begebe, in denen ich mich einfach nicht auskenne oder die mir einfach nicht liegen. Ein Beispiel: Das Zusammenbauen von IKEA Möbeln. Wo andere ihre wahre Freude finden, spielte sich in der Wohnung meiner Schwester folgendes Szenario ab: Ich half ihr dabei, ihre neuen Möbel aufzubauen und machte mich an einen Schrank, der aus sehr vielen Einzelteilen bestand. Ich las zwar die Anleitung, aber durch meine Ungeduld beim Möbelbauen viel zu ungenau. Prompt setzte ich falsche Teile ineinander, die sich verkeilten und nicht mehr auseinandergebracht werden konnten. Statt ihr also zu helfen, mussten wir den Schrank zurück in die Heimat fahren, damit ihn dort jemand wieder auseinander nehmen konnte. Ich war also nicht bloß keine Hilfe gewesen, sondern habe noch mehr Arbeit verursacht. Während ich es schaffe, ein ganzes Buch zu füllen, Websites zu bauen und Keynotes zu halten, schaffe ich es nicht, einen kleinen IKEA Schrank aufzubauen. Wir können also nicht in allen Bereichen und immer der Showstar unseres Lebens sein.

Auch das Wissen, dass jede und jeder sein Päckchen zu tragen hat, kann eine große Last nehmen. Nicht nur uns selbst, sondern auch anderen. Empowerment wird für mich dann gelebt, wenn du es schaffst, dich vor einem Menschen oder einer Gruppe von Menschen hinzustellen und sagen zu können, dass du einen Fehler gemacht hast. Wenn du unverblümt sagen kannst, wie es dir geht und wenn du den Mut hast, deine Fehler anzusprechen – auch mir fällt das teilweise noch sehr schwer. Diese Verletzlichkeit lässt uns aber nicht in einem schlechteren Licht stehen. Es trägt vielmehr dazu bei, dass uns andere noch mehr respektieren, schätzen und verstehen. Wir wissen, dass das Leben nicht nur aus Erfolgen besteht. Die wahre Größe zeigt sich dadurch, wie sehr du zu deinen Misserfolgen, Rückschlägen und Fehltritten stehst. Denn was gibt uns mehr Mut, zu uns selbst und auch zu unseren Fehlern zu stehen? Eine Person, die perfekt zu sein scheint und augenscheinlich alles richtig macht? Oder eine Person, die zugibt, wenn sie etwas vermasselt hat und die zu ihren eigenen Schwächen und Fehlern steht? Es ist ein Trugschluss, zu denken, dass der Schein der Perfektion uns perfekt macht. Perfekt machen uns unsere Verletzlichkeit, unsere unperfekte Seite und unsere Fehler, die es anzunehmen gilt. Dann fühlt sich das Leben plötzlich nicht mehr an wie ein Eiertanz, sondern echt und authentisch. Dann können wir so leben, wie wir sind und uns auf Augenhöhe begegnen. Dann gelingen uns echte Begegnungen und das Leben unserer wahren Größe. Wir dürfen die Handbremse loslassen, wie eine Mentorin so wunderbar in Worte gefasst hat.

Unsere tiefste Angst

Mit Erfolg kommt in den meisten Fällen auch mehr Verantwortung. Und Verantwortung macht manchmal Angst. Hinzu kommt das Wissen darum, wie viel Potenzial vorhanden ist. In diesen Fällen fällt mir immer eine Textpassage der Schriftstellerin Marianne Williamson ein, die wie folgt lautet: „Unsere tiefste Angst ist nicht, ungenügend zu sein. Unsere tiefste Angst ist, dass wir über alle Maßen kraftvoll sind. Es ist unser Licht, nicht unsere Dunkelheit, was wir am meisten fürchten. Wir fragen uns, wer bin ich denn, um von mir zu glauben, dass ich brillant, großartig, begabt und einzigartig bin? Aber genau darum geht es. Warum solltest du es nicht sein?" Diese Textpassage zeigt uns, dass wir auch mit diesem Gefühl nicht allein sind. Wir halten uns bewusst klein, um keine Erwartungen zu enttäuschen und weniger tief zu fallen. Diese Angst steckt tief in vielen von uns. Uns klein zu halten, scheint immer sicherer zu sein. Das trifft aber nicht unseren Kern. Unser Kern ist über alle Maßen kraftvoll und das können wir spüren. Das gilt für uns im Einzelnen, aber auch für uns gemeinsam.

Immer mehr Menschen und Unternehmen erkennen und schätzen den Wert von dem, was Frauen leisten und zur Gesellschaft und Wirtschaft beitragen. Mit dieser Aufmerksamkeit kommt zugleich eine Erwartungshaltung, die es zu erfüllen gilt. In dieser Rolle dürfen wir uns einfinden, neu erfinden und anerkennen, dass die Angst vor Erfolg und Größe nicht nur aus uns heraus kommt. Wir selbst und andere reden uns gerne ein, dass wir nicht gut genug sind, aber das sind wir. Wir sind mehr als genug. In uns steckt grenzenloses Potenzial – vor allem dann,

> „Wir fragen uns, wer bin ich denn, um von mir zu glauben, dass ich brillant, großartig, begabt und einzigartig bin? Aber genau darum geht es. Warum solltest du es nicht sein?" Marianne Williamson

wenn wir uns zusammentun. Statt aber weiterhin den Fokus auf die Ängste zu legen, nicht dort hinzugehören, wo man ist oder davor, wie erfolgreich und kraftvoll man wirklich ist, gilt es, den Fokus neu zu wählen – auf unsere Größe.

Wir dürfen es machen, wie Marianne Williamson vorgeschlagen hat, und uns nicht mehr fragen, wer wir denn sind, uns für großartig zu halten, sondern uns fragen, wer wir sind, es nicht zu tun! Es ist fatal, nicht an uns zu glauben. Denn das hält uns davon ab, mit dem zu scheinen, was in uns steckt und wofür wir geboren wurden. Die eigene Größe zu leben, bedeutet nicht, immer Glanzleistungen zu vollbringen oder an dir zu arbeiten, bis du vermeintlich perfekt bist. Die eigene Größe zu leben bedeutet, dein wahres Selbst und deine Wünsche zu leben.

Was abstrakt klingt, kann umgesetzt sehr simpel sein. Zum Beispiel kannst du ehrlich mit dir sein und dich aus einer Beziehung lösen, die dir nicht gut tut, oder einer Person endlich sagen, was du ihr schon lange sagen wolltest. Du kannst dich endlich mit einer Person in Kontakt setzen, der du einige Fragen zu ihrem Vorgehen stellen möchtest. Du kannst die ersten Ideen sammeln und dich mit anderen darüber austauschen. Du kannst die erste Seite deines Buches schreiben. Du kannst dir ein Buch zu dem Thema kaufen, das dich schon immer interessiert hat. Du kannst Beratung suchen von Menschen, die dich schneller auf deinen Weg bringen. Du kannst dir Fragen stellen, was du dir im Leben wünschst. Du kannst die ersten Schritte einleiten, damit du mehr Zeit für das hast, was dir wirklich wichtig ist. Die Möglichkeiten sind endlos. Wenn du das Bedürfnis verspürst, eines dieser Dinge zu tun, dann ist es das

> Die eigene Größe zu leben, bedeutet nicht, immer Glanzleistungen zu vollbringen oder an dir zu arbeiten, bis du vermeintlich perfekt bist. Die eigene Größe zu leben bedeutet, dein wahres Selbst und deine Wünsche zu leben.

Richtige. Alles, was du in diesem Buch bereits gelernt hast, ist ein Teil davon, deine Größe zu leben – individuell und gemeinsam mit anderen.

Mit der eigenen Größe geht immer auch Sichtbarkeit einher. Wenn wir Veränderungen anstoßen möchten, darf über die eigenen, die Erfolge anderer und die gemeinsamen Erfolge gesprochen werden. In Gesprächen, über Soziale Medien oder andere Formen der Kommunikation vermitteln wir anderen ein Bild davon, was wir tun und erreichen möchten. Wir geben anderen die Chance, sich von dem inspirieren zu lassen, was wir tun und bereits erreicht haben. Wir erschaffen damit Inspirationsquellen und Möglichkeiten für Austausch. Über die eigenen Themen und Erfolg zu sprechen, ist nicht eingebildet, sondern zeugt davon, wie sehr du und wir hinter dem stehen, was wir tun. Denn nur wer darüber redet, kann auch andere Menschen davon begeistern und dafür gewinnen. Statt also an der falschen Stelle bescheiden zu sein, dürfen wir stolz auf unsere Erfolge sein und sie kommunizieren. Wir dürfen stolz darauf sein, welche Person wir verkörpern und dass es immer etwas gibt, das andere an uns bewundern und das sie beflügelt.

Nahezu jede Person, die ich sehe und kennenlerne, hat etwas an sich, das ich bewundere. Diesen Blick dafür, was andere für Besonderheiten haben, habe ich jahrelang trainiert. So intensiv, dass ich heute nicht mehr nach solchen positiven Eigenschaften suchen muss, sondern dass sie mir direkt ins Auge fallen. Was mir mit der Zeit bei anderen immer besser gelungen ist, habe ich auch bei mir selbst trainiert. Tag für Tag erkenne ich dadurch mehr, warum ich hier bin und wie ich meinen Beitrag leisten

> **Wir dürfen stolz darauf sein, welche Person wir verkörpern und dass es immer etwas gibt, das andere an uns bewundern und das sie beflügelt.**

kann. Diese Art zu leben und zu zeigen, wofür ich stehe und was ich bereits erreichen konnte, erlaubt es mir, tolle Chancen zu bekommen und das Leben zu leben, das ich mir wünsche und das mich erfüllt. Nicht losgelöst von anderen, sondern immer gepaart mit der Größe anderer Menschen. Einige Gespräche, die ich geführt habe, mündeten darin, dass mir Frauen sagten: „Ich habe gar nichts beizutragen." oder „Was habe ich schon geleistet?" Diese Fragen haben mich zutiefst erschrocken, weil es sich um großartige, intelligente und inspirierende Frauen gehandelt hat. Erst wenige Minuten zuvor haben sie mir erzählt oder gezeigt, wie sie beruflich aufgestiegen sind, welche Jobs sie gemacht haben, wie sie sich nebenbei um kranke Angehörige kümmerten, selbst Krankheiten überwunden haben und einfach faszinierende Persönlichkeiten sind. Gleichzeitig stehen sie vor mir mit ihrem Strahlen, ihrem riesigen Herzen, ihrer beeindruckenden Art und Weise, sich zu kleiden, zu sprechen und auszudrücken. Diese Momente versetzen mir jedes Mal einen Stich ins Herz und ich wünschte mir, sie könnten sich selbst mit meinen Augen sehen. Weil wir uns selbst und unsere Erfolge aber meistens aus unserer eigenen Perspektive betrachten, fällt uns gar nicht auf, wie besonders, talentiert und großartig wir sind.

Du brauchst keinen Doktortitel, um in der Welt und im Leben anderer etwas hinterlassen zu haben. Es können Dinge sein, die dir einfach erscheinen. Aber nicht jedem fällt es leicht, einfühlsam, ideenreich, umsetzungsstark, konstruktiv oder künstlerisch zu sein. Alles, was in dir steckt, kann andere bereichern. Lass es zu. Die individuelle Kombination aus all den Fähigkeiten macht dich aus – diese kannst du mit anderen teilen und andere damit bereichern. Gerade deshalb ist es so wichtig, nicht nur deinen Blick für die Stärken und Erfolge anderer zu schulen, sondern auch für deine eigenen. Genauso wie es dir zur Gewohnheit zu machen, deinen Mitmenschen diese Fähigkeiten aufzuzeigen.

Sag ihnen, was du an ihnen bewunderst. Beziehe dich ganz konkret auf Situationen oder bleibe allgemein – aber sprich unbedingt aus, was du positives denkst.

Um mich regelmäßig daran zu erinnern, was ich selbst und gemeinsam mit anderen gemeistert habe, habe ich mir

a) einen Ordner auf meinem Smartphone erstellt, in dem ich Screenshots von Nachrichten, Kommentaren und Fotos speichere, die mich daran erinnern oder die mich ermutigen.

b) eine Seite in meinem Journal angelegt, auf der ich Komplimente sammle, die ich von anderen bekommen habe. Manchmal sind es ganze Passagen und manchmal nur einzelne Wörter, die andere mit mir in Verbindung bringen.

c) eine Sammelbox angelegt, in der ich Tickets, Karten, Notizen und Briefe sammle, die ich mit bestärkenden Menschen, Events und Situationen in Verbindung bringe.

Diese drei Dinge zeigen mir vor allem, wenn ich gerade nicht an meine und unsere Größe glaube, was andere in mir sehen und was ich bereits an Empowerment von anderen erleben durfte. Auch das ist in meinen Augen ein echtes Privileg und macht mich jedes Mal glücklich, wenn ich durch den Ordner, mein Journal oder die Box stöbere.

„Own it."

Unsere Größe in Krisenzeiten

Was haben Krisen – persönlich, wirtschaftlich oder gesellschaftlich – mit unserer Größe zu tun? Machen sie uns nicht viel mehr klein? Krisen legen Schichten frei, die sich ohne sie nicht enthüllt hätten. Alles, was zuvor nicht nötig war und nicht mehr gebraucht wird, findet nun seinen Weg aus unserem Leben heraus.

Das können Ideen, Gedanken und sogar Menschen sein, die einfach nicht mehr in unser Leben passen und von denen uns die Krise gewissermaßen befreit. Eine Krise zwingt uns, uns auf das Wesentliche zu fokussieren. Ich gehe sogar so weit zu behaupten, dass Krisen immer im richtigen Augenblick auf uns zukommen. In den Augenblicken, in denen wir diese Botschaft und den Fokus auf das Wesentliche dringend brauchen. Auch wenn es nicht immer einfach ist. Ich spreche aus Erfahrung. Im Nachhinein sehe ich den Wert, den mir eine Krise gegeben hat. Natürlich hat das die Krise selbst nicht einfacher gemacht, aber es hat mir dabei geholfen, zu verstehen, warum etwas passiert ist.

In Zeiten der Krise zeigt sich unsere Größe auf intensivierte Art und Weise. Genauso aber auch unsere Schattenseiten und Schwächen. Beide Phänomene sind völlig natürlich und Wegweiser, die uns den Weg für die Zukunft zeigen können. In Krisenzeiten kommen unsere wahre Größe und unsere größten Schwächen zum Vorschein. Wenn sich plötzlich alles verändert, aber keiner weiß, in welche Richtung, meldet sich oft unsere Unsicherheit. Es gibt kaum ein unangenehmeres Gefühl, als nicht zu wissen, wie es weitergeht und das gilt es, auszuhalten. Während die Krisensituationen an unseren Nerven zerren und uns die letzte Kraft kosten, zeigen sie uns gleichzeitig, was möglich ist. Sicherlich: Manchmal ist und bleibt die Krise eine schreckliche Situation. In Lagen der Verzweiflung, der Angst und der Not geht es nicht darum, in Krisen ein Geschenk zu entdecken. Krisen machen Angst und gehen oft mit viel Leid, Schmerz und Ängsten einher. Das dürfen wir genauso akzeptieren. Genau wie die Tatsache, dass das Leben und unsere Größe von solchen Krisenmomenten durchzogen sind. Zwar sieht es bei jedem Menschen unterschiedlich aus, Krisen gibt es aber bei allen. Wie wir sie wahrnehmen und was wir als Krise bezeichnen, unterscheidet sich. Wie krisensicher du bist, sprich: wie gut du aus einer

Krise hervorgehst, hat viel damit zu tun, wie du dich entscheidest, mit der Krisensituation umzugehen. Das ist das einzige, was in deiner Hand liegt. Nicht der Fakt, welche Krise die nächste sein wird, sondern wie du auf sie reagierst. Nutzt du sie, um wieder mehr zu dir selbst zu finden oder nutzt du sie, um im Außen nach Schuldigen zu suchen? Nutzt du sie, nach neuen Möglichkeiten zu suchen und Veränderungen zuzulassen oder um dich aus der Verantwortung zu ziehen? Es liegt in deiner Hand. Krisen – wenn du sie als Anlass nimmst, deinem eigenen Weg zu folgen –, lassen dich wachsen und dich mehr zu dir selbst werden. Sie zwingen dich, genauer hinzuschauen und etwas zu verändern. Sie werfen dein Leben durcheinander, fügen es neu zusammen, nehmen Puzzlestücke weg oder geben neue hinzu – und überlassen danach dir das Spielfeld.

> *„Krise ist Gefahr und Chance zugleich."*
>
> *Chinesisches Sprichwort*

Auf Krise folgt Veränderung

Vor einiger Zeit habe ich eine Umfrage in meiner Community gestartet, die unter anderem zwei wichtige Fragen beinhaltete und mir die Augen geöffnet hat. Die erste Frage lautete: „Bist du glücklich?" Die Antworten waren gemischt, tendierten aber dazu, mittelmäßig bis recht glücklich zu sein. Richtig unglücklich war keine. Die zweite Frage hieß: „Wie groß ist dein Wunsch nach Veränderung?" Man könnte annehmen, dass der Wunsch nach einer Veränderung sich in Grenzen hielte, weil alle Teilnehmerinnen recht glücklich waren. Dem war aber nicht so. Keine (!) wollte, dass alles so bleibt, wie es ist. Im Gegenteil: Die deutliche Mehrheit hat sich eine Veränderung gewünscht. Die Korrelation von „Ich bin glücklich, deswegen wünsche ich mir, dass alles so bleibt.", die zuvor in meinem Kopf war, stimmte also nicht. Dieses Ergebnis hat mir gezeigt, dass sich die Frauen aus meiner Female Empowerment-Community stetig nach Veränderungen sehnen und zwar, obwohl sie alle vergleichsweise glücklich sind. Wir wissen, wie unangenehm Veränderungen sein können und gleichzeitig, wie unabdingbar und wertvoll sie sind. Die gute Nachricht: Weil Menschen schöpferische Wesen sind, können wir Veränderungen selbst initiieren und müssen nicht darauf warten, bis sich im Außen Umstände ändern. Dazu müssen wir allerdings den Mut aufbringen, uns selbst in unangenehme Situationen zu versetzen und die Komfortzone verlassen. Doch genau dort liegt das größte Wachstumspotenzial. Es liegt ein schmaler Grat zwischen einer gesunden Herausforderung und einer Überforderung. Zwischen der Euphorie, dass etwas in Bewegung ist und der Angst, dass alles auseinanderfällt. Zwischen dem stärkenden Gefühl, zu wachsen, und dem unangenehmen Gefühl, vermeintliche Sicherheit aufzugeben. Genau diese Polaritäten sind Teil unseres Lebens. Genau in dieser Spannung liegt unser größtes Potenzial und unsere wahre Größe. Wir werden nicht darum herumkommen, auch den Schmerz von großen Veränderungen und von Wachstum zu spüren. Wie ein Knochen, der erst gebrochen wird und dann stärker wieder zusammenwächst, kann man dieses Bild auf Veränderungen und Wachstum übertragen. Auch Kinder verspüren beim körperlichen Wachstum Schmerzen. Dass Wachstum Schmerzen und unangenehme Gefühle verursacht, liegt in der Natur der Sache und gehört dazu. Deswegen dürfen wir uns aber nicht davor fürchten, sondern uns öffnen und dabei Neues entdecken. Wir dürfen annehmen, erkennen und weiterentwickeln. Wir dürfen uns zusammentun und dabei gemeinsam über unsere eigene Größe hinauswachsen.

„We share a future."

EMPOWERED ACTION – Unsere Größe

Ziel: Erkenne die Größe und das Potenzial von Menschen, die sich zusammentun.

Es ist an der Zeit, unsere Größe zu erkennen und zu leben. Diese EMPOWERED ACTION beruht auf mehreren Schritten und Übungen.

Schritt 1: Unsere Größe erkennen

Trainiere deinen Blick dafür, was du an anderen und auch an dir selbst bewunderst. Unser Kern ist unsere Größe, die oftmals unter einigen Schichten an Verhaltensmustern, Konditionierungen und diversen Zuschreibungen vergraben liegt. Einen Blick dafür zu entwickeln, wer sich hinter diesen Schichten versteckt, sowie sich selbst und Personen in ihrem Kern zu erkennen, ist für mich wahre Größe. Oder besser noch: Nicht das Erkennen ist die Größe, sondern der Mensch mit seinem Kern selbst ist die Größe. Das zu erkennen, kann uns die Augen öffnen, was alles möglich ist, weil wir oftmals nicht einmal einen Bruchteil davon ausschöpfen.

Wie du deinen Blick dafür schärfen kannst? Skizziere in deinem Journal ein Bild oder eine Mindmap davon, was andere an dir bewundern. Lege dir auf deinem Smartphone einen Ordner an, in dem du Screenshots von Bildern und Nachrichten an dich sammelst und speicherst, die dir ein gutes Gefühl geben. Diesen Ordner darfst du regelmäßig befüllen mit allem, was dich an deine Größe und die Größe anderer erinnert. Räume dir feste Zeiten ein, um einen Blick in diesen Ordner zu werfen, zum Beispiel immer wenn du in die Bahn steigst oder jeden zweiten Abend. Du wirst überrascht sein, wie du dich selbst und andere schon bald mit anderen Augen sehen wirst. Lege dir jetzt diesen Ordner an und verschiebe den ersten Screenshot dorthin.

Schritt 2: Deine Nicht-allein-Liste

Mache dir explizit bewusst, wie großartig die Menschen in deinem Umfeld bereits sind. Oft vergessen wir die vielen kleinen Situationen, die uns zeigen, dass wir nicht allein sind und Menschen, die an uns glauben. Finde so viele Situationen wie möglich, die dafür sprechen, dass du bereits von anderen aus deiner Umgebung unterstützt wirst – egal, wie klein die Geste ist. Schreibe drei bis fünf Situationen in dein Journal und beantworte dabei folgende Fragen:

- Wer hat dich bereits gehört/gesehen/unterstützt (als es vielleicht niemand sonst tat)?

- In welcher Situation war das?

- Was hat er oder sie zu dir gesagt oder für dich getan?

- Welche Chancen und Möglichkeiten haben sich dadurch aufgetan?

- Wie hast du dich dabei gefühlt?

Schritt 3: Deine Größe leben

Einige Leser und Leserinnen haben das Glück, zwei Postkarten in diesem Buch vorgefunden zu haben. Eine Postkarte ist für dich und soll dich daran erinnern, dass wir unsere volle Größe vor allem in der Zusammenarbeit und im Zusammensein mit anderen erleben dürfen. Die andere Postkarte ist für eine Frau, der du über diesen Weg sagen kannst, dass du sie wertschätzt. Es ist beachtlich, welchen Einfluss eine so kleine Geste auf das Leben einer anderen Person haben kann. Solltest du keine Postkarten vorfinden, informiere dich hinten im Buch unter Ressourcen oder verschicke eine andere Postkarte, E-Mail oder Nachricht. Ein paar kurze Zeilen sind völlig ausreichend, aber sie sollten ernst gemeint sein. Es kommt nicht darauf an, dass du die Nachricht wunderschön formulierst, sondern vielmehr, dass deine Nachricht und deine Worte übermittelt werden. Selbst wenn du denkst, dass diese Person zahlreiche solcher Nachrichten bekommt, haben genügend Beispiele bewiesen, wie viel Impact jede noch so kurze Nachricht haben kann.

Anmerkung: Über deine eigene Größe hinaus
Schon einige Male habe ich den Frust von anderen miterlebt, die sich über die Menschen in ihrem Umfeld beklagt haben. Dabei gibt es meiner Erfahrung nach immer Menschen, die dich wachsen sehen möchten, wenn auch nicht in der direkten Familie oder im direkten Umfeld. Wenn das nicht der Fall ist, wird es Zeit, deine Community um Menschen zu erweitern, die dich wachsen sehen wollen. Ich verstehe dich, dieses Gefühl, nicht unterstützt zu werden, kann ziemlich frustrierend sein. Vielleicht ist dir durch die Fragen in Part 1 jedoch bewusst geworden, dass dieses Bild deines Umfeldes nicht ganz stimmt, sondern dass es zahlreiche Menschen gibt, die dich in irgendeiner Form unterstützt haben. Wenn das überhaupt nicht der Fall sein sollte, werde zunächst selbst zum Unterstützer und zur Unterstützerin anderer. Wir erwarten sehr gerne von anderen, dass sie uns ihre Unterstützung anbieten und merken dabei gar nicht, wie wir uns selbst verhalten. Haben

wir ihnen oder anderen bereits unsere Unterstützung angeboten? Wie begegnest du anderen, die sich weiterentwickeln wollen und deine Hilfe gebrauchen könnten? Es gibt
immer Dinge, die du für andere tun kannst. Selbst wenn
es nur das Verschicken einer kurzen Nachricht mit einem
aufrichtigen Kompliment ist.

EMPOWERED ACTION – 3 Minuten Quickie

Finde ein Bild, ein Wort, einen Satz oder ein Symbol, das
dich an deine Größe und die Größe deiner Community erinnert. Füge es von nun an überall ein, wo du es regelmäßig
sehen kannst. In deinem Journal, als Bildschirmschoner, als
Bild an der Wand und so weiter – immer, wenn du dieses
Symbol siehst, darfst du dich an die Größe von dir und anderen erinnern. Für mich ist es beispielsweise der Blitz, den
du nicht zufällig auf diesem Cover, in meinem Logo und in
meiner Profilbeschreibung findest. Für mich symbolisiert er
Power (in Form von Strom und Naturgewalt) und zeigt mir,
dass im Leben immer alles zwei Seiten hat. Die enorme
Power kann zum einen sehr kraftvoll sein und uns Energie
bringen, aber auch zerstörerisch wirken. Was ist dein Symbol, Bild, Satz oder Wort? Schreibe es jetzt hier auf:

Ergebnis: Du erkennst nun die Größe von Menschen, die
sich zusammentun und nutzt sie für Veränderungen.

Insbesondere die letzte EMPOWERED ACTION soll dir aufzeigen, wie viel Größe in dir und anderen steckt und dich immer wieder an dein Potenzial erinnern. Denn wirklich große Veränderungen sind nie durch einen einzelnen eingetreten, sondern immer nur durch viele Menschen, die ein gemeinsames Ziel vor Augen hatten. Ich hoffe, du hast nun durch die zahlreichen Erinnerungen an deine und die Größe anderer Mut geschöpft und erkannt, dass du deine gewünschten Veränderungen in dein Leben holen und in der Gesellschaft vorantreiben kannst – Schritt für Schritt. Das Buch ist zwar fast zu Ende, aber dein Weg hat gerade erst begonnen.

„Wir müssen der Wandel sein, den wir uns selbst in der Welt wünschen."

Mahatma Ghandi

Fazit

Es beeindruckt mich, zu sehen, wie viele Menschen und insbesondere Frauen sich auf den Weg machen, etwas in ihrem Leben zu verändern. Und du bist eine von ihnen.

Versuche nicht, andere zu verändern, sondern gehe als *Vorbild* voran und nimm dein Leben selbst in die Hand. Nimm auf dem Weg deine Stärke wahr, die dir hilft, das möglich zu machen, was du bereits in dir trägst. Du bist stark und trägst deine Wünsche und Ziele mit dir, weil sie ein Teil von dir sind – sie sind genau richtig und nicht ohne Grund in dir!

Deine Intuition ist dein persönliches Werkzeug, das dir dabei hilft, zu erkennen, wie dein Weg aussehen kann. Sie erleichtert dir, Entscheidungen zu treffen und teilt sie dir immer mit. Sie kennt den Weg zu deinem erfolgreichsten Leben, aber sie zeigt dir den Weg oft sehr leise. Es hilft also, die Sprache deiner Intuition verstehen zu lernen, um ihr folgen zu können – in einer Welt, in der sich vor allem auf den Verstand und das Denken verlassen wird.

Dein *Warum* ist der Antrieb von allem, was du tust. Vielleicht hast du es direkt ausformulieren können, vielleicht brauchst du noch etwas Zeit dafür. Auch dein *Warum* ist bereits in dir, weil es eng mit deinen Werten verknüpft ist. Suche nicht im Außen danach, sondern mache dir bewusst, was dich antreibt und was deine Beweggründe sind. Situationen aus der Vergangenheit beispielsweise, die dich besonders berührt haben oder Themen, über die du stundenlang sprechen kannst, können dir Hinweise auf dein *Warum* geben. Dein *Warum* wird dir dazu verhelfen, deine Vision zu erkennen, also ein Bild von deiner nahen und fernen Zukunft zu erzeugen. Eine Zukunft, die es würdig ist, von dir gelebt zu werden und die deine Stärke und dein *Warum* vereint.

Deine Vision spiegelt deine inneren Wünsche in konkreten Bildern wider und zeigt dir auf, wie sich dein Leben anfühlen soll und wie du deine Zeit verbringen möchtest. Zeichne ein konkretes Bild deiner Zukunft und lasse es zu deiner Realität werden. Werde kreativ dabei, wie du dir deine Zukunft vorstellst und lass nur zu, was sich richtig anfühlt.

Mit einem konkreten Plan schaffst du dir Möglichkeiten, die ersten Handlungsschritte einzuleiten. Dieser Plan zeigt dir Möglichkeiten auf, ist aber nicht in Stein gemeißelt. Ein Plan ist vor allem dann hilfreich, wenn er genug Spielraum für ungeplante Möglichkeiten lässt – denn diese werden unweigerlich folgen, wenn du deinen Weg gehst.

Den Plan gilt es dann natürlich umzusetzen. Handle jetzt! Denn wenn du wartest, bis du bereit bist, wartest du womöglich den Rest deines Lebens. Mit viel Mut darfst du die ersten Schritten gehen und mögliche Ängste oder Hindernisse überwinden. Wenn du die ersten Schritte erfolgreich gemeistert hast, wirst du spüren, wie viel in deinen eigenen Händen liegt.

Früher oder später wird es Zeit, auch andere in dein Handeln miteinzubeziehen. Vor allem mit anderen haben wir die Chance, Großes zu bewegen. Sieh dir dein Umfeld genau an und finde heraus, wer dich auf deinem Weg begleiten möchte. Lerne, die Menschen in deiner Community zu erkennen und nicht nur kennenzulernen, um Begegnungen mit Tiefe zu schaffen und Vertrauen aufzubauen. Schenke anderen einen Teil von dir, entweder durch das Teilen deiner Erfahrungen und Geschichten, durch deine Zeit oder durch deine Fähigkeiten – du wirst überrascht sein, mit wie wenig Aufwand du andere tief berühren kannst.

Wenn du nur eine Sache aus diesem Buch mitnehmen sollst, dann ist es Folgendes: Wir brauchen deine Erfolgsgeschichte! Halte dich nicht zurück und lasse dich erst recht nicht aufhalten. Dein Leben darf zu deiner Erfolgsgeschichte werden, was nicht bedeutet, dass es ohne Hürden verläuft. Eine Erfolgsgeschichte ist ein Leben, das dich erfüllt. „Erfolg ist, was folgt, wenn du dir selbst folgst.", heißt ein Sprichwort. Da ist viel Wahres dran. Du darfst den Mut haben, die herkömmliche Definition von Erfolg zu überdenken und deine eigene kreieren. Ein erfolgreiches Leben unterliegt deiner eigenen Definition und macht dich vor allem eins: glücklich.

Wir brauchen deine Erfolgsgeschichte! Halte dich nicht zurück und lasse dich erst recht nicht aufhalten.

Dein Leben ist dann ein Erfolg, wenn deine ganze Freude und Leidenschaft im Tun liegt. Wenn dein Herz Tag für Tag aufgeht und du dich einem Leben hingibst, auf das du mit Freude zurückblicken und das du genießen kannst.

Jedes Leben bringt Veränderungen mit sich – immer. Alles um uns herum verändert sich und das macht das Leben so spannend. Einige Dinge, zum Beispiel wie sich andere verhalten oder reagieren, können wir nicht beeinflussen. Wir können aber unsere eigene Reaktion und unser eigenes Handeln beeinflussen, weil wir selbst bestimmen, wie diese Veränderung aussehen soll. Wenn wir bereit sind, kleine Schritte zu gehen, werden sich große Veränderungen einstellen. Das Leben ist ein Prozess, der sich manchmal langsam anfühlt und paradoxerweise extrem schnell vergeht. Wir dürfen uns bewusst machen, dass wir maßgeblich mitbestimmen können, wie unser Leben verläuft und ob es ein Erfolg wird. Es liegt in unserer Hand.

„Du lebst deinen Traum.", hat vor einiger Zeit eine Person zu mir gesagt. Das zu hören, war eines der schönsten Komplimente. Ich zögerte kurz und musste nachdenken. Recht hat sie. Ich lebe meinen Traum, Tag für Tag. Und ich glaube daran, dass mein Leben ein Jackpot ist und dass jeder, der hier lebt, ebenfalls den Jackpot gezogen hat. Trotz oder gerade wegen allem, was vorgefallen ist. Das möchte ich immer von mir behaupten können und genau das wünsche ich allen. Auch wenn nicht immer alles rund läuft, weiß ich, dass es irgendwann wieder bergauf geht und gute Zeiten folgen – ähnlich wie an der Börse. Es gibt Phasen des Auf- und des Abschwungs, Trends und Korrekturen. Aber es geht immer weiter und wir können entscheiden, wie wir auf diese Phasen reagieren wollen. Statt wie einige Börsenanleger wie wild in Krisenzeiten zu verkaufen und damit Verluste einzufahren, gibt es Anleger, die die schlechten Phasen aussitzen und aus den guten Phasen umso gestärkter rausgehen und hier ihre Gewinne machen. Als mir das bewusst geworden ist, wusste ich, dass es in meiner Hand liegt, ob mein Leben zu einem Erfolg wird oder nicht.

Ich weiß jetzt, dass es nicht die äußeren Umstände sind, die bestimmen, ob ich glücklich und erfüllt lebe, sondern dass ich es bin. Ich bin dankbar für jede Phase, die mir widerfahren ist. Ich durfte mich in Geduld üben und meine Reaktionen auf die Geschehnisse selbst in die Hand nehmen. Auch wenn noch viele Ereignisse folgen werden, weiß ich, dass ich jetzt schon ein Leben führe, das sich richtig anfühlt. Ich bin schon jetzt dankbar für alles, was mich umgibt – für die Menschen, Situationen und Dinge. Denn die Kunst ist es, gleichzeitig nach Wachstum zu streben – was in der Natur des Menschen liegt – und schon jetzt dankbar und zufrieden zu sein. Dazu reicht es schon, hin und wieder deine Augen zu öffnen und dir bewusst zu machen, wie viel dir tagtäglich geschenkt wird.

Tue es jetzt. Schaue hoch und sieh dich um. Was macht dein Leben wertvoll? Vielleicht ist es deine Gesundheit, vielleicht sitzt du in einem Zug, der dich dorthin bringt, wo du sein möchtest. Vielleicht liegst du auf einer gemütlichen Couch oder in deinem Bett. Vielleicht befinden sich Menschen in deiner Nähe, die dir gut tun. Vielleicht trinkst du gerade einen Kaffee oder isst deine Lieblingsschokolade. Sieh dich um, nichts von dem ist selbstverständlich.

„Es gibt nur zwei Arten zu leben – entweder so, als wäre nichts ein Wunder oder so, als wäre alles ein Wunder."

Albert Einstein

Die Welt ist zu groß, bunt und vielfältig, um zu glauben, in nur wenigen Berufen seine Berufung finden zu können. Es gibt so viele Arten, glücklich zu werden, wie es Menschen gibt. Und alles was du dazu brauchst, ist schon jetzt vorhanden. Versuche nicht, in ein Bild zu passen, wenn dein Herz dir sagt, dass es nicht deins ist. Du darfst dir die Erlaubnis geben, nicht wie alle anderen zu sein oder das zu tun, was alle tun. Werde zu der Frau, die du sein willst. Frauen, die unbeirrt ihren Weg gehen, haben die größte Macht. Sie inspirieren andere, ebenfalls ihren Weg zu gehen und ihr Leben selbst in die Hand zu nehmen. Sie sind auch der Grund, warum ich dieses Buch schreibe und damit meine Zeit hier mit Dingen verbringe, die mich erfüllen.

Es gibt so viele Arten, glücklich zu werden, wie es Menschen gibt. Und alles was du dazu brauchst, ist schon jetzt vorhanden.

Dieses Buch zeigt dir nicht, wie du dein eigenes Unternehmen gründest, deinen Traumpartner oder deine Traumpartnerin findest oder dir deinen Traumjob angelst. Für diese Themen gibt es unzählige Experten und Expertinnen sowie Content, der dich für deine weiteren Schritte mit konkretem Wissen versorgt. Dieses Buch zeigt dir, wie du den Mut aufbringen kannst, deinen Weg zu finden und zu gehen. Ich habe die Erfahrung gemacht, dass man vieles nachlesen kann – aber deine Definition für ein erfolgreiches und erfülltes Leben nicht. Das findest du nur heraus, wenn du den Blick nach innen wagst. Das erfordert Mut, weil du dich deinem eigenen Ich mit all deinen Wünschen, ungelebten Träumen und Bedürfnissen stellst. Aus diesem Grund ziehe ich meinen Hut vor dir. Du hast dich dir selbst gestellt, du hast nach innen geschaut und du bist bereit, Verantwortung für dein Leben zu übernehmen. Du bist nun die ersten Schritte gegangen, deine eigene Community miteinzubeziehen und das Leben anderer zu bereichern.

Seitdem ich Female Empowerment auf meine eigene Art und Weise lebe – zum Beispiel in den Austausch mit Menschen gehe und mich mit ihnen vernetze, Menschen mit meinem Generation Girlpower-Podcast eine Bühne und Inspirationen gebe und versuche, meinem eigenen Weg zu folgen und meine Ideen Realität werden lasse – passieren Dinge, die zu mir passen. Und dafür bin ich sehr dankbar.

Danke auch an dich, dass du dir die Zeit genommen hast, dieses Buch mitsamt meinen Erfahrungen und Geschichten zu lesen. Danke, dass du diese Zeit nun dir selbst schenkst. Weil ich von mir selbst weiß, dass wir manchmal Bücher lesen, uns inspiriert fühlen und dann nicht weitermachen, ist es nun an der Zeit – wenn du es noch immer nicht getan hast – dich den EMPOWERED ACTIONs zu widmen. Gleichzeitig weiß ich auch, wie überfordernd einige Schritte sein können. Aus diesem Grund findest du nach jeder EMPOWERED ACTION immer einen sehr schnell umsetzbaren Handlungsschritt, den 3-Minuten-Quickie. Beginne dort, das ist manchmal leichter. Hinten im

Buch findest du auch Ressourcen, mithilfe derer du dich genauer in ein Thema einlesen kannst, sowie Informationen zu meiner Empowered Us Online-Community. In der Online-Community findest du Gleichgesinnte und mich, um uns gemeinsam auszutauschen, an unseren Zielen zu arbeiten und die Schritte zu unsere Entwicklung und Veränderung einzuleiten. Ich freue mich, dich auch dort zu treffen.

Und jetzt: Schau dem Tiger in die Augen – wie eine Mentorin zu mir sagte – und lege los!

Deine Katharina

Manifesto

Das Empowered You-Manifesto mit Affirmation für dein growth mindset:

#1 Stärke
Ich bin stark, mein Potenzial unendlich – egal, ob ich dafür etwas tue oder nicht.

#2 Intuition
Meine innere Stimme kennt den Weg für mein erfolgreiches Leben – es ist richtig, was sie mir mitteilt.

#3 Warum
Mein *Warum* begleitet mich und meine Tätigkeiten und ist der Ursprung und Antrieb von allem.

#4 Vision
Ich trage eine Vision in mir, die meinem Leben würdig ist und bleibe kreativ.

#5 Plan
Ich habe einen Plan für meine nächsten Schritte und bleibe dennoch offen für Möglichkeiten.

#6 Handlungen

Let's do it! Schritt für Schritt erreiche ich meine Ziele und genieße den Weg dahin.

#7 Community

Ich bin nicht allein auf meinem Weg. Andere Menschen begleiten mich.

#8 Zusammenhalt

Egal, was passiert: Es gibt Menschen, die mich unterstützen und für die ich das Gleiche tue.

#9 Größe

Unsere gemeinsame Größe und unser Potenzial sind endlos.

Danksagung

Danke Dad,
dass du und deine Geschichte mir gezeigt haben,
wie stark ich wirklich bin.

Ressourcen

Hier findest du weiterführende Ressourcen, die dich auf deinem Weg zu einem selbstbestimmten Leben unterstützen können und die auch mir dabei geholfen haben. Weil nicht alle Ressourcen in dieses Buch passen und sich immer wieder aktualisieren, findest du unter „Und nun? So geht es weiter" meine Website mit den Links zu den Ressourcen sowie viele weitere hilfreiche Inhalte, die ich dort regelmäßig aktualisiere.

Bücher:

Alizadeh, Madeleine: Starkes, weiches Herz – Wie Mut und Liebe unsere Welt verändern können (Ullstein Leben, 2019)

Alwill, Cara: Girl Code: Unlocking the Secrets to Success, Sanity and Happiness for the Female Entrepreneur (Pennguin, 2017)

Amoruso, Sophia: „#Girlboss": Wie ich aus einem eBay-Shop das Fashionimperium Nasty Gal erschuf (Redline Verlag, 2015)

Baumann, Katharina: 100 Days Vom Traum zum Start-Up (Ariston, 2018)

Brown, Brené: Dare to Lead: Brave Work. Tough Conversations. Whole Hearts. (Vermilion, 2018)

Brown, Brené: Rising Strong (Vermilion, 2015)

Cainová, Susan und Susan Cain: Quiet: The Power of Introverts in a World That Can't Stop Talking (Crown, 2012)

Cuddy, Amy: Presence: Bringing Your Boldest Self to Your Biggest Challenges (Orion, 2016)

Forleo, Marie: Everything is Figureoutable: The #1 New York Times Bestseller (Portfolio Penguin, 2019)

Galloway, Scott: The Four (OF-EXP): The Hidden DNA of Amazon, Apple, Facebook, and Google (Portfolio, 2017)

Gates, Melinda: The Moment of Lift: How Empowering Women Changes the World (Bluebird, 2018)

Gilbert, Elizabeth: Big Magic: How to Live a Creative Life, and Let Go of Your Fear (Bloomsbury Publishing, 2015)

Given, Florence: Women Don't Owe You Pretty: The debut book from Florence Given (Cassell, 2020)

Green, Carrie: She means Business (Hay House UK, 2017)

Hatzistefanis, Maria: How to Be an Overnight Success: Making It in Business (Ebury Press, 2017)

Hatzistefanis, Maria: How to Make it Happen: Turning Failure into Success (Ebury Press, 2020)

Helgesen, Sally: How Women Rise: Break the 12 Habits Holding You Back (Hachette Books, 2018)

Howes, Lewis: The School of Greatness (Rodale Books, 2015)

Huffington, Arianna: Thrive: The Third Metric to Redefining Success and Creating a Happier Life (Virgin Digital, 2014)

Kahnemann, Daniel: Thinking, Fast and Slow (Penguin, 2012)

Katz, Katharina Marisa: Einfach machen: Der Guide für Gründerinnen (Knesebeck, 2018)

Kay, Katty und Claire Shipman: Das neue Selbstbewusstsein: Was Frauen zum Erfolg führt (btb, 2018)

Mckeown, Greg: Essentialism: The Disciplined Pursuit of Less (Virgin Books, 2014)

Mohr, Tara: Playing Big: A practical guide for brilliant women like you (Arrow, 2015)

Mol-Wolf, Kasia Katarzyna: Du hast die Power! – Verwirkliche deinen Traum: Wie ich geschafft habe, was du auch schaffen kannst (Ariston, 2019)

Obama, Michelle: Becoming (Crown, 2018)

Onaran, Tijen: Die Netzwerkbibel: 10 Gebote für erfolgreiches Netzwerken (Springer, 2019)

Onaran, Tijen: Nur wer sichtbar ist, findet auch statt (Goldmann, 2020)

Rousseau, Manuela: Wir brauchen Frauen, die sich trauen: Mein ungewöhnlicher Weg bis in den Aufsichtsrat eines DAX-Konzerns (Ariston, 2019)

Sandberg, Sheryl: Lean In und der Wille zum Erfolg (Ullstein Taschenbuch, 2015)

Scherer, Hermann: Glückskinder: Warum manche lebenslang Chancen suchen – und andere sie täglich nutzen (Piper Taschenbuch, 2014)

Shetty, Jay: Think Like a Monk: The secret of how to harness the power of positivity and be happy now (Thorsons, 2020)

Sincero, Jen: You Are a Badass at Making Money: Master the Mindset of Wealth: Learn how to save your money with one of the world's most exciting self help authors (John Murray Learning, 2018)

Sincero, Jen: You Are a Badass: How to Stop Doubting Your Greatness and Start Living an Awesome Life (Running Press Adult, 2017)

Sinek, Simon: Start With Why: How Great Leaders Inspire Everyone To Take Action (Portfolio, 2011)

Tempel, Katharina: Gib dir die Liebe, die du verdienst (GU, 2019)

Tolle, Eckart: The Power of Now (Hodder Paperbacks, 2001)

Uwagba, Otegha: Little Black Book (Fourth Estate, 2017)

Weidlich, Andrea: Der geile Scheiß vom glücklich sein – Wie man das Glück nicht sucht und trotzdem findet (mvg, 2020)

Winfrey, Oprah: What I Know for Sure (Macmillan, 2014)
Young, Valerie: The Secret Thoughts of Successful Women: Why
   Capable People Suffer from the Impostor Syndrome and
   How to Thrive in Spite of It (Currency, 2011)

Tools zum Sortieren von To-Dos:

Ich kann die Apps „Notion" und „Evernote" sehr empfehlen. Außerdem das Online-Tool „Trello".

Meditationen:

Ich empfehle dir alle Meditationen von Dr. Joe Dispenza, insbesondere die Morgen- und Abendmeditationen. Außerdem empfinde ich die Meditationen von Laura Seiler als sehr hilfreich.

Quellen

Bücher:

Amoruso, Sophia: „#Girlboss": Wie ich aus einem eBay-Shop das Fashionimperium Nasty Gal erschuf (Redline Verlag, 2015)

Arvay, Clemens G.: Der Heilungscode der Natur (Riemann Verlag, 2016)

Doyle, Glennon: Untamed (The Dial Press, 2020)

Dwecks, Carol Mindset – Changing the way you think to fulfil your potential (Robinson; 2017)

Jung, Carl Gustav: Psychologische Typen Gesammelte Werke 6 (Patmos Verlag, August 2018)

Leyba, Cara Alwill: Girl Code (Penguin, 2017)

Li, Dr. Qing:Die wertvolle Medizin des Waldes (Rowohlt Taschenbuch, 2018)

Nye, J.S.: Soft Power: The Means to Success in World Politics (Public Affairs, 2004)

Robison, Linn A.: Put your intuition to work (CAREER PR, 2016)

Wohlleben, Peter: Das geheime Band zwischen Mensch und Natur (Ludwig Buchverlag, 2019)

Ware, Bronnie: 5 Dinge, die Sterbende am meisten bereuen: Einsichten, die Ihr Leben verändern werden (Goldmann, 2015)

Williamson, Marianne: Rückkehr zur Liebe (Goldmann, 2016)

Studien, Videos und Serien:

Studie des OECD Development Centre:
(https://www.oecd.org/dev/development-gender/Unpaid_care_
work.pdf, Abruf am 22.09.2020)

Video zum Spaghetti Experiment:
http://www.peterskillmandesign.com/spaghetti-tower-design-
challenge/2019/2/10/ted-peter-skillman-marshmallow-design-
challenge (Abruf am 22.09.2020)

Deutscher Bundestag – Wissenschaftliche Dienste: Soft Power,
Nr. 45/06 (3.11.2006), Berlin (Download über: www.bundestag.
de, Abruf am 22.09.2020).

https://www.girlboss.com/ (Abruf am 22.09.2020)
„Girlboss", Netflix Serie (2017)

Und nun? So geht es weiter

Das Buch ist zwar nun fast zu Ende, das bedeutet aber nicht, dass sich jetzt unsere Wege trennen. Im Gegenteil: Unser gemeinsamer Weg hat gerade erst begonnen und ich freue mich schon auf alles weitere. Wie dir vielleicht aufgefallen ist, bin ich vor allem online zuhause. Aus diesem Grund findest du dort auch noch mehr Inhalte von mir.

Veränderungen beginnen bei dir und in kleinen Schritten. Weil aber auch die Community für deinen Erfolg eine große Rolle spielt, habe ich die Empowered Us-Community gegründet, die dich mit Gleichgesinnten verbindet. Also mit Menschen, die ihre Vision wahrmachen, ihr *Warum* leben und sich mit anderen zusammentun wollen. Ich freue mich, dich dort wiederzutreffen. *Because we share a future.*

Unter diesem QR-Code findest du noch mehr Übungen, Infos und Goodies rund um das Buch und die Empowered Us-Community von mir:

www.katharinaheilen.com

Über die Autorin

Katharina Heilen ist Speakerin, Podcast- und Community-Host sowie Beraterin rund um Female Empowerment. Sie ist Host des erfolgreichen Female-Empowerment-Podcasts „Generation Girlpower". Mit ihrem Blog ermutigt sie Frauen, ihr Leben selbst in die Hand zu nehmen, ihr eigenes Potenzial zu erkennen und die glücklichste Version ihrer selbst zu werden. Daneben ist sie als Workshop-Host und Speakerin in den Bereichen persönliche Entwicklung, das eigene *Warum* und Personal Branding tätig. Katharina setzt sich dafür ein, dass alle Frauen und auch Männer ihr ganz persönliches *Warum* im Leben definieren und ihren persönliches Lebensweg erfüllt und glücklich gehen können.

www.katharinaheilen.com

Über Tijen Onaran

Tijen Onaran ist Unternehmerin, Moderatorin und Speakerin. Mit ihrem Unternehmen Global Digital Women engagiert sie sich für die Vernetzung und Sichtbarkeit von Frauen in der Digitalbranche und berät Unternehmen in Diversitätsfragen und Kommunikation. Das Manager Magazin zählt sie zu den 100 einflussreichsten Frauen der deutschen Wirtschaft und sie ist weltweit eine von wenigen Top-Influencer*innen auf LinkedIn. Mit ihrem Unternehmen Global Digital Women hat sie den deutschen Exzellenzpreis gewonnen und das Wirtschaftsmagazin Capital wählte sie zu den „Top 40 unter 40" Talenten der Wirtschaft. Zudem wurde Tijen Onaran in das Faculty Board für Digital Leadership der Management School St. Gallen berufen und im Beirat des Digital Journalism Fellowship der Hamburg Media School aufgenommen. Sie schreibt über Themen rund um Digitalisierung, Diversität und Personal Branding und publiziert regelmäßig in Zeitungen und Magazinen wie dem Handelsblatt und dem Manager Magazin. Jede Woche erscheint der Podcast How to Hack, den sie für das Magazin Business Punk moderiert. 2019 erschien ihr erstes Buch „Die Netzwerkbibel" im Verlag Springer Gabler. Am 17. August 2020 erschien ihr zweites Buch „Nur wer sichtbar ist findet auch statt" im Goldmann Verlag. Seit 1. August 2020 ist Tijen Onaran Mitglied des Kuratoriums Entrepreneurship & Intrapreneurship der Universität der Bundeswehr München.

www.tijen-onaran.de
www.global-digital-women.com

PALOMAA
PUBLISHING

Palomaa Publishing ist ein Independent-Verlag für inspirierende Bücher, eBooks und Art Prints von Frauen. Unsere Mission ist es, der weiblichen Sicht auf die Dinge eine Bühne zu geben. Wir bringen Sachbücher und Ratgeber heraus und vertreiben Werke ausgewählter Künstlerinnen.

www.palomaapublishing.de

Bisher bei Palomaa Publishing erschienen:

Rosa Koppelmann
Vertrauen nach Fehlgeburt
Selbstbestimmt und kraftvoll durch eine herausfordernde Zeit

Dieses Buch zeigt dir, wie du in einer herausfordernden Zeit selbstbestimmt deinen Weg gehen, wichtige Entscheidungen bewusst treffen und deine innere Heilung fördern kannst. Die Autorin gibt Einblick in ihre eigene Geschichte, die durch vier Schwangerschaften geprägt ist – darunter zwei Fehlgeburten. Das Buch enthält zudem zahlreiche Erfahrungsberichte betroffener Frauen, Interviews und ein großes Kapitel rund um hilfreiche Tools, die dich dabei unterstützen, während und nach einer Fehlgeburt im Vertrauen und deiner weiblichen Kraft zu bleiben.

Hardcover, 248 Seiten
ISBN: 978-3-9821915-0-8
Preis: 25,00 Euro